将复杂的概念**简单化**　　将专业的知识**通俗化**　　将抽象的理论**案例化**

一学就会的
出纳
全图解

| 看插图，读故事
出纳知识真简单

曾津津　编著

兵器工业出版社

内容简介

本书全面地介绍了出纳工作中涉及的各种知识，可以为新入行的出纳人员提供参考，也可以为管理者更好地理解和指导出纳工作提供帮助。

全书共分10章和1个附录。读者阅读完本书后，可以掌握账户的设立、数据的登记、账簿的编制、电算化软件使用、电子软件应用、银行账户设立、账簿保管制作、现金收入支出、外汇业务处理等知识，并能对出纳工作中最常用的珠算、人民币鉴别、打印机选择、工作接手和对接等技巧有所了解。

本书适合准备从事出纳职业的零基础人员或是从事出纳职业的企业工作人员，也可作为企业管理者指导出纳工作的参考，还可作为社会培训机构的教材。

图书在版编目（CIP）数据

一学就会的出纳全图解 / 曾津津编著. —北京：兵器工业出版社，2013.3
ISBN 978-7-80248-900-4

Ⅰ.①— … Ⅱ.①曾 … Ⅲ.①出纳－图解 Ⅳ.① F233-64

中国版本图书馆 CIP 数据核字（2013）第 031588 号

出版发行：兵器工业出版社	责任编辑：王 强 李 萌
发行电话：010-68962596，68962591	封面设计：深度文化
邮　　编：100089	责任校对：郭 芳
社　　址：北京市海淀区车道沟10号	责任印制：王京华
经　　销：各地新华书店	开　　本：889×1194　1/32
印　　刷：北京博图彩色印刷有限公司	印　　张：8.5（全彩印刷）
版　　次：2013年4月第1版第1次印刷	字　　数：260千字
印　　数：1-4 000	定　　价：39.80元

（版权所有　翻印必究　印装有误　负责调换）

前言
Preface

"经济越发展,会计越重要"。出纳工作是一个单位会计工作的重要基础,是单位经济业务活动的"钥匙"。随着市场经济的不断发展,出纳工作变得越来越重要,其重要性体现在以下三方面。

出纳员担负着各单位会计核算的基础工作,只有做好出纳工作,才能为整个会计工作的良性发展提供必要的支持。

出纳工作包括负责办理现金收付和银行的结算业务以及现金、票据、有价证券的保管。出纳人员只有拥有高度的责任感、娴熟的技能和扎实的专业基础知识,才能避免给单位带来不必要的经济损失。出纳人员尤其要重视和热爱本职工作。

出纳工作质量的好坏直接影响单位财会管理水平和单位经营决策。出纳工作能否及时准确地提供单位货币资金活动信息,能否保证货币资金的安全与完整,会对单位的会计核算和经营管理产生重要影响。

本书能给读者带来什么?

本书全面地介绍了出纳工作中涉及的各种实务操作和分析,可以为新入行的出纳人员提供上手指南,也可以为管理者更好地理解和指导出纳工作,为财务管理提供帮助。

本书详细介绍了出纳工作中的所有程序，读懂本书后，就可以理解并在工作中独立完成账户的设立、数据的登记、账簿的编制、电算化软件使用、银行账户设立、账簿保管制作、现金收入支出、外汇业务处理等工作。书中还汇集了出纳工作中最常用的珠算、人民币鉴别、打印机选择、工作接手和对接等技巧。

在本书中特别设有经典示例板块，都是出纳工作中曾发生过的案例，还可以增加阅读的趣味性。

在每一个小节的末尾，设置有专家解读模块，能够让读者对本书的内容精髓有更深的印象。

本书全程配以图示来辅助用户学习和掌握，涉及的工作流程都以流程图的形式来呈现，使出纳工作中一些繁杂、难以理解的工作清晰化。

本书写给谁阅读？

本书适合新出纳人员、有志于从事出纳工作的人员、中小企业管理者、财务部门主管以及对出纳工作感兴趣的人作为案头工具书使用。

本书从策划到出版，倾注了出版社编辑们的心血，特在此表示衷心的感谢！

本书主要由曾津津编写，杨林丽、周海燕、苗立、张龙、李菊芳、焦伟彬、李孔基、王健、孙珍、孟凡森、黄雪芳、冯志超、林芬、黄青梅、吴海英、牛梦晓、李小渝、曾金月、聂国强、王卫东等老师也参与了本书部分章节的编写，在此对他们表示深深的谢意！

尽管作者对书中的解释、案例精益求精，但疏漏之处仍然在所难免。如果您发现书中的错误或某个案例有更好的解决方案，请与我们联系，能让我们在下次有更好的作品。

再次感谢您的支持！

编著者

本书阅读说明

第1章 认识出纳

出纳和出纳人员 ... 002
出纳人员的职责与权限 ... 004
法律规定的出纳项目 ... 006
出纳工作的基本要求与原则 ... 008
出纳人员的工作要点 ... 010
一般会计人员应该遵守的职业道德 ... 012
出纳与会计 ... 014
出纳的日常工作 ... 016
出纳资格的取得 ... 018

第2章 出纳和表格

出纳需要接触的表格 ... 022
什么是关键数据？ ... 024

财务报表...026

工资表格...028

工作价值的计算...030

奖惩体系的设定...032

小数点的查证..034

容易出现误差的表格....................................036

时间和表格..038

第3章 银行事务处理

银行结算账户..042

银行账户的管理原则....................................044

外汇结算账户的开设和年检.............................046

新企业账户开户流程....................................048

专用存款账户..050

银行存款日记账...052

银行存款的核对...054

出纳对银行存款余额的操作.............................056

银行利息核算..058

支票的管理..060

汇票的管理..062

银行凭证的复查......................................064

银行电子回单管理....................................066

银行卡须知..068

第4章 如何处理凭证

什么是凭证？..072

原始凭证和其分类....................................074

原始凭证的填制......................................076

原始凭证的真假鉴别——以发票为例....................078

原始凭证的审核......................................080

票据签章和背书......................................082

记账凭证的分类......................................084

记账凭证的填制......................................086

记账凭证的审核......................................088

凭证的装订..090

第5章 复式记账法

- 记账方法的分类 094
- 中国古代的记账方法——四脚账 096
- 借贷记账法 098
- 复式记账法的诞生 100
- 复式记账法的特点 102
- 复式记账法的缺点 104
- 收付记账法 106
- 总　计 108

第6章 如何管理现金

- 国家规定的现金管理制度 112
- 库存现金限额申请 114
- 库存现金管理制度 116
- 现金送存 118
- 现金收入的处理程序 120
- 现金的保管 122
- 现金支付的方式 124
- 现金日记账的登记 126

三栏式现金日记账 128

严格现金收支手续 130

现金收付凭证的审核 132

现金清查 134

现金结算的优缺点 136

第7章 外汇业务的管理

基础知识：汇率 140

国外账户的开设 142

外汇汇兑的基本内容 144

结汇水单 146

外汇的折算入账 148

外汇税款的计算和出口退税 150

外汇业务的核算 152

外汇结算中的银行费用 154

外汇退汇 156

外汇收支情况表的编制 158

外汇收支情况表的科目 160

进口付汇核销报审流程 162

没有外汇买卖科目的财务报表 164

第8章 出纳的电算化

企业的信息化和出纳电算化 168
会计软件的选择 170
常用出纳软件的模块介绍 172
常见的出纳软件 174
用友软件的安装和使用 176
通用财务软件使用技巧 178
电子年度账务的总结 180
电算化中的反记账、反结账 182
实用Word技巧 184
实用PPT技巧 186
实用Excel技巧 188
电算化的风险及控制 190

第9章 如何有效管理账簿

出纳和账簿管理 194
账簿的基本内容 196
账簿的种类 198
账簿的启用 200
登记账簿的规则 202
账簿记录错误的更正方法 204

对账 206

结账 208

常见的账簿错误 210

错账查找技巧 212

账簿的更换 214

账簿的管理制度 216

出纳报告单 218

第10章 出纳工作技巧

珠算操作技能 222

出纳书写技能 224

人民币鉴别技能 226

手工点钞技能 228

支票的填制 230

加盖印章的技巧 232

表格编制技巧 234

出纳向会计报账 236

出纳之间工作的交接 238

打印机选择 240

电子档案管理 242

附录

本书阅读说明

《一学就会的出纳全图解》是一本专门为刚踏入社会的上班族量身打造的通俗读物,全书共分为10章和1个附录,每章4~5节。为了能让读者由浅入深,简单明了地掌握出纳工作的基本知识,也为了节省读者的宝贵时间,本书在内容上尽量将专业的知识通俗化,以常识的角度来阐述高深的理论。

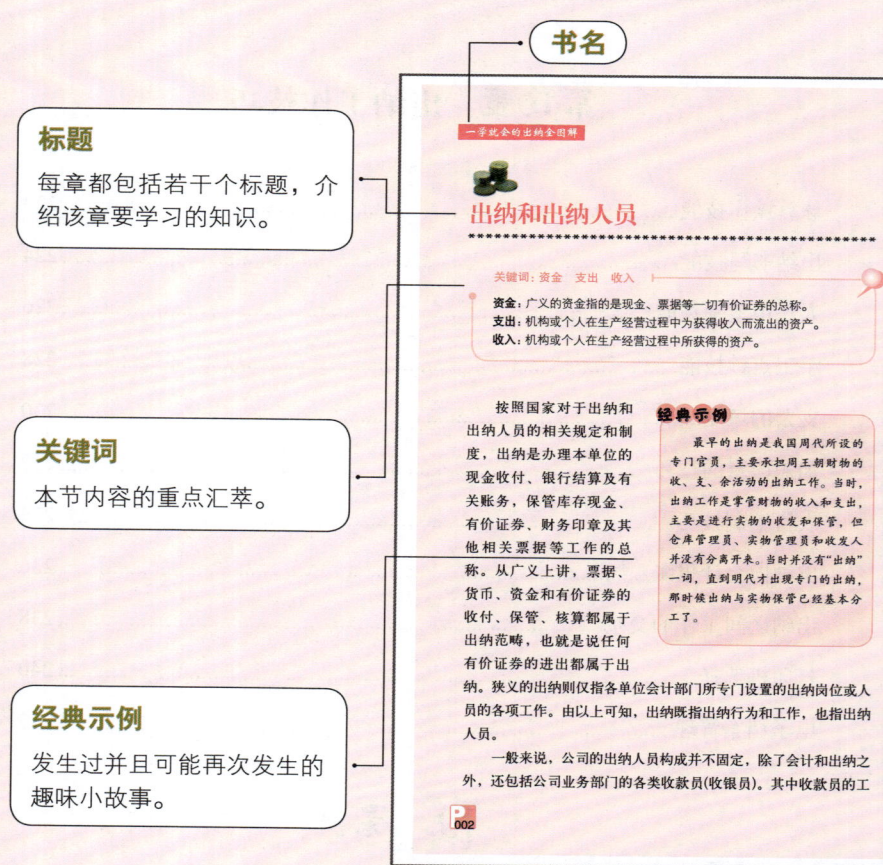

标题
每章都包括若干个标题,介绍该章要学习的知识。

关键词
本节内容的重点汇萃。

经典示例
发生过并且可能再次发生的趣味小故事。

在阅读页面上,完全采用简单清楚的学习化界面,加上图解来辅助解释复杂的概念。此外,在行文中还加上了趣味盎然的经典示例板块,以加深记忆,再加上能让人加深印象的专家点评板块,阅读这套书就成了一种享受。掌握这套书的内容,就能迅速地融入员工角色。

第1章 认识出纳

的工作一般是办理货币资金和各种票据的收入,保证自己经手的货币资金和票据的安全与完整。与会计和出纳不同的是,收款员虽然每天也进行收支工作,但是各种票据和货币资金的收入,特别是货币资金的收入,最后的程序核算、总结需要专门的出纳人员来完成。

总体说来,出纳主要从事的工作就是资金的支出和收入,其中支出就是"出",收入就是"纳"。

出纳人员的职能

出纳对于一个成熟的企业来说,出纳可不是承担简单的资金收支工作。

收付职能	货物价款的收付、往来款项的收付、各种有价证券以及金融业务的办理,都必须经过出纳人员办理。
反应职能	对货币资金有价证券进行详细地记录与核算,以便为经济管理和投资决策提供所需的完整、系统的经济信息。
监督职能	对企业的各种经济业务,特别是货币资金收付业务的合法性、合理性和有效性进行全过程的监督。
管理职能	对货币资金与有价证券进行保管,对银行存款和各种票据进行管理,对企业资金使用效益进行分析研究,为企业投资决策提供金融信息等。

专家点评

虽然出纳和会计有区分,但是现在并没有专门的出纳资格考试,而是从属于会计师资格考试。

章名
对本章中各节内容的主题概括。

图解
为了让读者可以一目了然地理解书中概念,本书运用逻辑拆解法将概念间的关系做成图表分析的形式。

专家点评
专家对本节内容的难点、重点或趣味点的评论。

第 1 章

认识出纳

在中文中,"出纳"是一个并列结构的词语,其中"出"指的是支出、付出,"纳"指的是收入、接纳。出纳一词翻译自英文"Cashier",词根是"cash",意为现金。出纳可以指一个单位中管理现金的人员或者单位中现金流入和流出的行为。

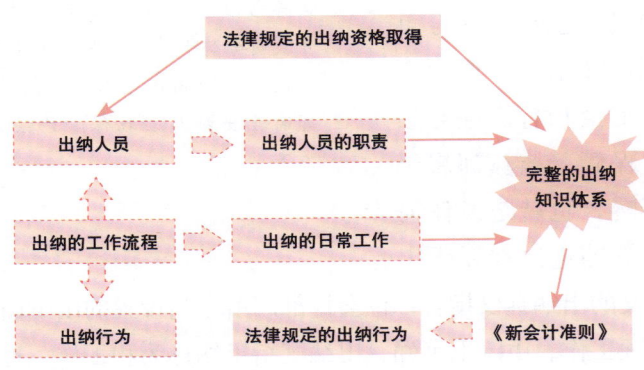

出纳和出纳人员

****

关键词：资金　支出　收入

资金：广义的资金指的是现金、票据等一切有价证券的总称。
支出：机构或个人在生产经营过程中为获得收入而流出的资产。
收入：机构或个人在生产经营过程中所获得的资产。

按照国家对于出纳和出纳人员的相关规定和制度，出纳是办理本单位的现金收付、银行结算及有关账务，保管库存现金、有价证券、财务印章及其他相关票据等工作的总称。从广义上讲，票据、货币、资金和有价证券的收付、保管、核算都属于出纳范畴，也就是说任何有价证券的进出都属于出纳。狭义的出纳则仅指各单位会计部门所专门设置的出纳岗位或人员的各项工作。由以上可知，出纳既指出纳行为和工作，也指出纳人员。

一般来说，公司的出纳人员构成并不固定，除了会计和出纳之外，还包括公司业务部门的各类收款员(收银员)。其中收款员的工

经典示例

最早的出纳是我国周代所设的专门官员，主要承担周王朝财物的收、支、余活动的出纳工作。当时，出纳工作是掌管财物的收入和支出，主要是进行实物的收发和保管，但仓库管理员、实物管理员和收发人并没有分离开来。当时并没有"出纳"一词，直到明代才出现专门的出纳，那时候出纳与实物保管已经基本分工了。

作一般是办理货币资金和各种票据的收入,保证自己经手的货币资金和票据的安全与完整。与会计和出纳不同的是,收款员虽然每天也进行收支工作,但是各种票据和货币资金的收入,特别是货币资金的收入,最后的程序核算、总结需要由专门的出纳人员来完成。

总体说来,出纳主要从事的工作就是资金的支出和收入,其中支出就是"出",收入就是"纳"。

出纳人员的职能

出纳
对于一个成熟的企业来说,出纳可不是承担简单的资金收支工作。

收付职能	货物价款的收付、往来款项的收付、各种有价证券以及金融业务的办理,都必须经过出纳人员办理。
反映职能	对货币资金和有价证券进行详细记录与核算,以便为经济管理和投资决策提供所需的完整、系统的经济信息。
监督职能	对企业的各种经济业务,特别是货币资金收付业务的合法性、合理性和有效性进行全过程的监督。
管理职能	对货币资金与有价证券进行保管,对银行存款和各种票据进行管理,对企业资金使用效益进行分析研究,为企业投资决策提供金融信息等。

专家点评　虽然出纳和会计有区分,但是现在并没有专门的出纳资格考试,而是从属于会计师资格考试。

出纳人员的职责与权限

关键词：出纳人员　权限

出纳人员：出纳人员在此处是广义的概念，指的是单位中所有从事和出纳工作相关的人员和部门。
权限：权力和限制。既强调行为主体，也强调其被约束性。

出纳人员的设置在机构中是必须存在的，而且依照我国的法律法规，一个正式的公司必须保持出纳人员工作的独立性，也即公司高层管理人员或者公司股东不能根据自己的需要干涉出纳的工作，以致影响财务报表的公正性和透明度。

经典示例

老王退休时，已经担任了40年的单位出纳，他从自己的抽屉里翻出了16个印章，在送别晚会上交回给了领导，并依次介绍了它们的使用情况。最后，公司领导很感叹："这就是我们公司的发展史啊。"于是决定以老王和这些印章为主角，拍写一部宣传片。

一般来说出纳人员的职责如下：

1.必须依照法律办理现金收付和银行结算业务。这项职责要求出纳人员不可以在非现金结算范围内使用现金收付，遵守库存现金限额，超限额的现金须按规定及时送存银行；现金管理要做到日清月结，账面余额与库存现金每日下班前应核对，如果发现问题，及时查对；银行存款日记账与银行对账单余额也要及时核对，如有不符，立即通知银行调整。

根据会计制度的规定,在办理现金和银行存款收付业务时,要严格审核有关原始凭证,再根据原始凭证编制收付款凭证,然后根据编制的收付款凭证逐笔顺序登记现金日记账和银行存款日记账,并结出余额。

按照国家外汇管理和对购汇制度的规定及有关批件,办理外汇出纳业务。

掌握银行存款余额,不准签发空头支票,不准出租、出借银行账户为其他单位办理结算。

保管库存现金和各种有价证券(如,国库券、债券、股票等)的安全与完整;保管空白收据和空白支票。

出纳的工作内容

- 现金往来和银行结算
- 资产核实
- 凭证核查、收支
- 保管存档
- 外汇管理

专家点评 一个有经验的出纳能够从自己的柜子里很容易地找出单位十年前的记录,而一个新出纳在寻找老资料时往往比较费力。在同一个单位内,往往老出纳工作效率比新出纳更高。

一学就会的出纳全图解

法律规定的出纳项目

关键词：出纳人员　新会计准则

出纳人员：有从业资格证，在单位可以独立完成所有出纳工作的人员。
《新会计准则》：2007年我国颁布施行的会计人员从事会计工作的规则和指南的法律文件。

根据《中华人民共和国会计法》（简称《会计法》）、《会计人员职权条例》等法规的规定，出纳人员必须完成以下三个项目，即会计监督、货币资金管理和参与单位财政，具体如下：

（1）维护财经纪律，执行财会制度，抵制不合法的收支和弄虚作假行为。

经典示例

一个小老板雇请了本家侄儿担任出纳，但是他发现这个小孩子读书读傻了，竟然胳膊肘往外拐，将自己在账务上做的虚头全部上报了，并已交税，一气之下，他将这个侄子赶走了。可是一年后，他又把侄子请回来了——另外一家差不多的厂子因为报表虚假被停止生产了。

《会计法》第三章第十六条、第十七条、第十八条、第十九条中对会计人员如何维护财经纪律提出了具体规定。《会计法》规定：

各单位的会计机构、会计人员对本单位实行会计监督。

会计机构、会计人员对不真实、不合法的原始凭证，不予受理；对记载不准确、不完整的原始凭证，予以退回，要求更正、补充。会计机构、会计人员发现账簿记录与实物、款项不符的时候，应当按照有关规定进行处理；无权自行处理的，应当立即向本单位领导人报告，请求查明原因，作出处理。

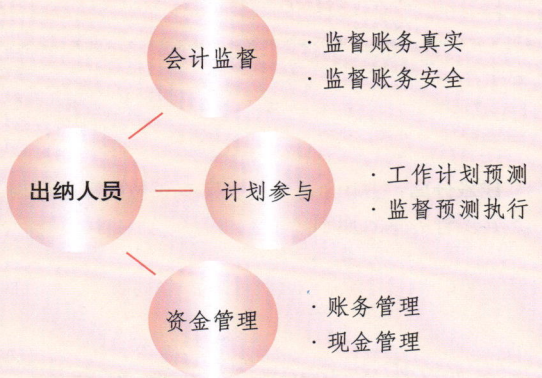

出纳项目
- 会计监督 · 监督账务真实 · 监督账务安全
- 出纳人员 — 计划参与 · 工作计划预测 · 监督预测执行
- 资金管理 · 账务管理 · 现金管理

会计机构、会计人员对违法的收支，应当制止和纠正；制止和纠正无效的，应当向单位领导人提出书面意见，要求处理。单位领导人应当自接到书面意见之日起10日内作出书面决定，并对决定承担责任。

会计机构、会计人员对违法的收支不予制止和纠正，又不向单位领导人提出书面意见的，应当承担责任。

对于违法并严重损害国家和社会公众利益的收支，会计机构、会计人员应当向主管单位或者财政、审计、税务机关报告，接到报告的机关应当负责处理。

（2）参与货币资金计划定额管理。

（3）管好货币资金。

专家点评

出纳的工作本质就是在各种财务细节上把握好单位的底线，防止出现财务漏洞，造成经济损失。

出纳工作的基本要求与原则

关键词：钱账分离

钱账分离：在财会行业中，所有单位的账簿和现金必须由人分开整理并保管的基本原则。

虽然各个公司的实际情况不同，但是出纳工作制度是国家法律中规定的，所以基本上大同小异。

出纳工作应该由指定的专职或兼职人中担当。根据钱、账分设的原则，会计和出纳不能由一人兼任，以便分清责任。哪怕在比较小的单位里，单位负责人也不宜兼任出纳人员。出纳人员除了登记现金日记账之外，不得监管总账或支出明细账，但可以监管其他同现金没有直接联系的账簿，如固定资产账等。不是出纳人员，不得直接收付现金。

出纳人员应该根据审核过的会计凭证进行银行、现金收付，审核工作应由会计主管人员或其他指定的会计人员来担当。有些开支项目是按预算计划执行，并有明确开支标准的，出纳人员可以先付款、后交他人审核。银行或现金属于收入性质的，同时还应开具发

> **经典示例**
>
> 在国企中，财政大权是一统的，所以在改组过程中，一些老会计就非常不满意自己的权力被分割，觉得是单位的一种不信任。然而在改组和严格按照会计原则审核下，很快就能从他们的账务中发现大量的问题——老会计只能为了弥补错误而默默地接受财政改革。

票或收据。

出纳人员应根据业务逐笔、顺序登记现金日记账,每天业务结束后,应编制库存现金日报表,并和银行存款余额调节表核对是否相符。

出纳人员应加强对现金收付的监督。根据现金管理制度规定,不可设立"小金库"、不发生个人借支公款、不相互借用现金、不假借用途套取现金、不以个人名义存取公款。

出纳人员应确保现金账实相符,不得以白条顶替库存现金。如果发现库存现金有盈余或短缺情况,应先记入往来中作待处理,然后查明原因,分别情况处理,不得私下取走或补足。

出纳的要求与原则

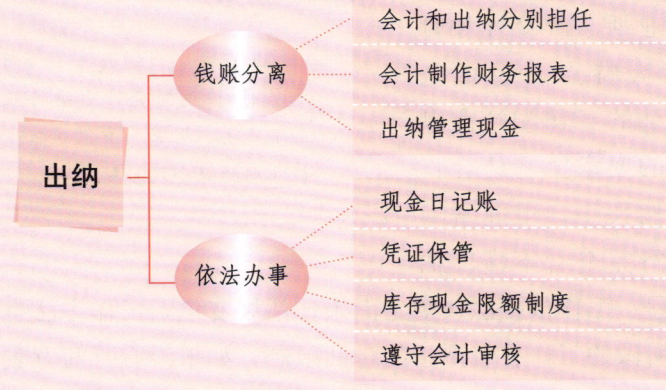

出纳
- 钱账分离
  - 会计和出纳分别担任
  - 会计制作财务报表
  - 出纳管理现金
- 依法办事
  - 现金日记账
  - 凭证保管
  - 库存现金限额制度
  - 遵守会计审核

专家点评

任何公司的领导不得兼任财会人员,而且在一些大型公司,规定财会人员和高层管理不得有任何关系。

出纳人员的工作要点

关键词：社会性　时间性

社会性： 出纳工作担负着一个单位货币资金的收付、存取活动，从属于整个社会经济活动的大环境之中，和整个社会的经济运转相联系。

时间性： 出纳工作具有很强的时间性，何时发放职工工资，何时核对银行对账单等，都有严格的时间要求，一天都不能延误。

出纳工作有着社会性、专业性、政策性和时间性四大特点。也就是说，出纳的工作和社会以及公司的要求紧密结合；行业虽然狭小，但非常专业，外行完全看不懂出纳工作流程；工作依据法律规定而来，法规变化，工作方法也将会不同；所做的工作有着严格的时间限制，如果没有时间背景就毫无意义。一个好的出纳必须有时间观念，随时关注国家法律变化，在实践中磨练自己。

根据出纳工作的特性，出纳人员应该注意以下几点：按照国家有关现金管理和银行结算制度的规定，办理现金收付和银行结算业务；严格审核有关原始凭证，根据原始凭证编制收、付款凭证，然后根据收、付款凭证逐笔顺序登记现金日记账和银行存款

经典示例

2007年，我国颁布了《新会计准则》，这对会计出纳行业产生了冲击。当时，有很多不适应新准则的财会人员转了行。

日记账,并结出余额;随时查询银行存款余额,不准签发空头支票,不准出租、出借银行账户;保证库存现金和各种有价证券的安全与完整;按照国家外汇管理和结汇、购汇制度的规定及有关批件,办理外汇出纳业务等。

钱账分离,出纳人员一般只负责现金日记账和银行存款日记账的登记工作,不得兼管稽核和会计档案保管,不得负责收入、费用、债权债务等账目的登记工作。

保密性原则。一个公司的财务管理现状是一个公司商业机密的重要组成部分,甚至是命脉所在。特别是对一些金融、销售公司来说,公司现金的多少,银行账面等问题都是关系公司生死的大问题。如果出纳人员保密意识不强或者故意泄密,会给公司带来巨大的损失。所以,在传统观念里,出纳人员最好是"锯嘴葫芦",说明了保密对出纳的重要性。

会计工作特点和要点

时间性	每天日记账
政策性	紧随会计准则
社会性	迎合单位需要
专业性	保密性很强

专家点评　道高一尺,魔高一丈,为了不给那些钻漏洞的高手机会,基本上每十年,国际通用会计准则就会更新。

一般会计人员应该遵守的职业道德

关键词：职业道德　保密原则

职业道德：同人们的职业活动紧密联系的、符合职业特点所要求的道德准则、道德情操与道德品质的总和。

保密原则：一种特殊行业的职业道德，有些甚是由法律规定的，一旦违反，将遭受法律的处罚。

每天都会有大量的现金从出纳手中流过，如果账务本身有大量的报表误差存在，而出纳利用其中的漏洞做文章，实在是太容易了。所以对出纳来说，自我约束更加重要。

一般出纳人员应该遵守的职业道德是：

经典示例

1997年，我国河南省审理了一件出纳泄密案件。李某曾担任某铝制品企业出纳，跳槽到该企业的下游企业后，泄露了铝制品厂家的资金周转情况给新企业，结果造成经济纠纷。最后，被依法追究责任，李某被判处11万7000元的罚款。

（1）敬业爱岗。会计人员应当热爱本职工作，努力钻研业务，使自己的知识和技能适应所从事工作的要求。

（2）熟悉法规。会计人员应当熟悉财经法律、法规、规章和国家统一会计制度，并结合会计工作进行广泛宣传。

（3）依法办事。会计人员应当按照会计法律、法规和国家统一会计制度规定的程序和要求进行会计工作，保证提供的会计信息合法、真实、准确、及时、完整。

（4）客观公正。会计人员在办理会计事务中，应当实事求是，客观公正。

（5）搞好服务。会计人员应当尽其所能，为改善单位的内部管理、提高经济效益服务。

（6）保守秘密。会计人员应当保守本单位的商业秘密，除法律规定和单位领导同意外，不能私自向外界提供或泄露单位的会计信息。

职业道德

专家点评

出纳人员最应该注意以下两点：一是要清正廉洁；二是要坚持原则。

出纳与会计

关键词：会计

会计：从其所分管的账簿来看，可分为总账会计、明细账会计和出纳。

会计从其所分管的账簿来看，可分为总账会计、明细账会计和出纳。三者既相区别又有联系，是分工与协作的关系：

一、分工

总账会计负责企业经济业务的总括核算，为企业经济管理和经营决策提供总括的全面的核算资料；明细分类账会计分管企业的明细账，为企业经济管理和经营决策提供明细分类核算资料；出纳则分管企业票据、货币资金，以及有价证券等的收付、保管、核算工作，为企业经济管理和经营决策提供各种金融信息。

三者工作不能重合，不能兼任。

二、联系

出纳、明细分类账会计、总账会计之间，有着很强的关联性。它们核算的依据是相同的，都是会计原始凭证和会计记账凭证。这

> **经典示例**
>
> 现金和有价证券放在出纳的保险柜中保管；银行存款，由出纳办理收支结算手续。既要进行出纳账务处理，又要进行现金、有价证券等实物的管理和银行存款收付业务。在这一点上和其他财会工作有着显著的区别。除了出纳，其他财会人员是管账不管钱，管账不管物的。

出纳工作直接参与经济活动过程

些作为记账凭据的会计凭证必须在出纳、明细账会计、总账会计之间按照一定的顺序传递。相互利用对方的核算资料；共同完

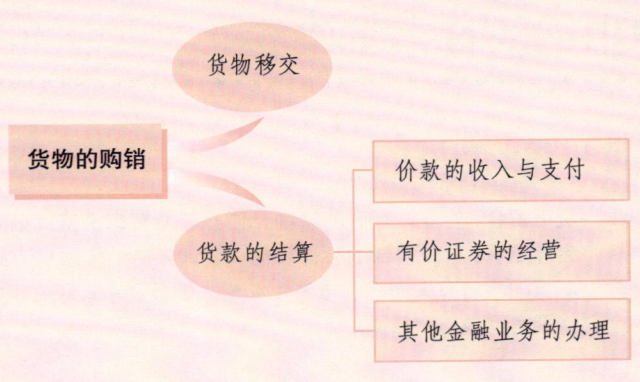

成会计任务。同时，它们之间又互相牵制与控制。出纳的现金和银行存款日记账与总账会计的现金和银行存款总分类账，总分类账与其所属的明细分类账，明细账中的有价证券账与出纳账中相应的有价证券账，有金额上的等量关系。这样，出纳、明细账会计、总账会计三者之间就构成了相互牵制与控制的关系，三者之间必须相互核对保持一致。

在一般中型企业中，会有独立的财务部门，其中主管是不参与实际工作的，其工作重心是财务管理；剩下的就是一般由两三个会计和四五个出纳进行日常工作，其中会计对出纳工作进行指导，而出纳则向会计负责，两者的工作虽然交集，但是并不重合，会计主要对外、对账，出纳主要对内、对钱。

出纳与明细账会计的区别是相对的，出纳核算也是一种特殊的明细核算。

出纳的日常工作

关键词：货币资金　会计监督

货币资金：企业所拥有的现金、债券等所有有价值票据的总称。
会计监督：单位内部的会计机构和会计人员、依法享有经济监督检查职权的政府有关部门、依法批准成立的社会审计中介组织，对单位机构拥有财政监督权力。

一般来说，出纳人员的日常工作主要就是四个方面的内容：货币资金管理、往来结算、工资核算、货币资金收支的监督。

出纳对货币资金的管理分为两部分，首先是办理日常货币资金收支业务，其次是所有收支业务的总账目核算。具体细分，则可以划为6个方面：每天做好现金收付的核算，根据各种收付凭证进行现金收支；银行存款的收付核算，办理每天银行数据的变动；登记日记账，每天结算，月末清账；保管库存现金和有价证券，所有的证券都不可以转交给别人；保管而且慎重使用印章，登记注销支票，保障企业不会

经典示例

秦某于2007年在黑龙江大学会计专业毕业，经他人介绍到东南沿海某大企业做了一年出纳，在接受记者采访时说："出纳是很重要的一项会计基础工作，可不要小看它。虽然这项工作难度不是太大，但要做好也不容易，特别是现在各种结算方式很多，其中的奥妙也不少。"不过总体来说，出纳是会计的简略版，拿出纳当跳板也不在少数。

出现空头支票；认真审查销售业务的有关凭证，严格按照销售合同和银行结算制度。

出纳结算往来的工作内容分为三类：办理企业、员工、合作单位的资金往来结算，建立清算制度；依照备用金制度，管理备用金，对购销业务以外的暂收、暂付、应收、应付、备用金等债权债务及往来款项，要建立清算手续制度；核算其他往来款项，一旦发现坏账损失，及时向领导和有关部门报告。

出纳的第三项日常工作就是工资结算，根据公司的薪酬制度，执行工资计划，定期发放工资，监督工资使用，并且在工资结算后为企业提供工资数据。

出纳在日常工作中，还有对货币资金收支进行监督的内容。出纳必须在规定范围内，坚决抵制不合法的收支和弄虚作假的行为，既保证出纳工作的合法性，也努力保护单位的利益。

这里有一个会计和出纳的权责分离规则，如果单位资金出现问题，会计会利用各种财务漏洞进行"变通"来迎合单位需要，而出纳则是在这种"变通"中防止出现大问题。

出纳的日常工作和会计日常工作是重合的，但是在具体划分上是有分别的，基本上可以把出纳看成会计的下级，但是独立承担责任和义务。

出纳资格的取得

关键词：会计从业资格证　出纳岗位

会计从业资格证：是会计人员从事会计工作的必备资格证书，也是会计人员进入会计、出纳工作的门槛，省级行政区域管理，可以全国通用。
出纳岗位：单位为资金管理而设置的，负责现金进出的工作岗位。

我国虽然有专门的出纳岗位设置，然而并没有专业的出纳，当然也没有出纳资格证一说。按照规定，出纳资格属于会计资格的一部分，从业人员只有取得《会计从业资格证》才能担任出纳。

会计从业资格证有两种方式可以取得，一是在专门的高级会计学校中学习会计类专业，成功通过会计学、会计电算化、注册会计师专门化、注册会计师专门化、审计学、财务管理五门课程的学习，就可以获得会计资格，另一个方法是参加会计考试。

根据《会计法》规定，所有申请《会计从业资格证》的人员都可以报名考试，考试合格者就可以获得《会计从业资格证》，并且

经典示例

我国每年的会计考试由每个省（自治区）自行安排，一般来说，第一步是大约在每年3月份、7月份进行网上报名和确认；第二步是大约在4月份和9月份集中参加考试；第三步是所有通过资格考试的人员领取会计从业资格证；第四步，在取得从业资格后，人员必须在第二年按照规定时间参加税务局组织的继续教育培训。

去应聘出纳岗位。

在传统的企业管理中,出纳岗位人员一干就是十几年、几十年,或者由有亲属关系的人员先后担任出纳,也就是独占出纳岗位,很显然这不是正确的做法。企业应该实行在各部门之间定期进行岗位交换的做法,并且对外吸收出纳人员。

有意从事出纳工作的人员,可以从网络或者其他信息渠道,找到公司(单位)发布的出纳岗位招聘信息,通过应聘就可以获得出纳工作了。

出纳招聘时和出纳考试的侧重点不同,出纳招聘应该侧重于实践操作和企业实际问题的解决能力,比如点钞技巧、账目平齐操作等。

会计从业资格证

专家点评

会计和出纳不分家,能当会计的人有资格当出纳,不是一个好出纳,肯定就不是一个好会计。

第 2 章

出纳和表格

出纳处理的是单位内资金流动的各种数据，而将这些数据归拢起来，按照一定的编制顺序汇总，就是表格。出纳的工作前后都离不开对表格的处理，将数据纳入、修改、纠正、存档和输出，如果处理不好表格，那么就不能成为一个好出纳。

本章示意图：

表格汇制
　　收集数据，关键数据确定，时间排序

财务制度
奖金体系
工作量计算

出纳所需要结束的表格汇总

分类：
财务报表
工资表格
日记账本

更正
　　表格纠错，小数点确认，约数

出纳需要接触的表格

关键词：现金账　明细表

- **现金账：** 也称现金日记账，是用于逐日逐笔反映企业库存现金收、付以及结余情况的特种日记账。
- **明细表：** 是指对一些在总账上无法反映或详细反映的项目通过明细账进行补充说明。

在日常工作中，出纳的经常性任务就是不断地制作、更改和输出表格，而和其他的工作人员相比，出纳所要经手的表格更是种类齐全、样式繁复。出纳需要接触的表格有：缴款单、现金申领单、借款单、支票登记使用簿、支票登记单、票据交接清单、支出证明单、各种报销单、现金日记账、银行存款日记账、各种收据、工资单、费用支出明细表、采购申请表等。

经典示例

一个年轻人应聘到某个大型企业担任出纳，每天接手大量的现金，而且每天都要点钞记账。第一天上班，年轻人看见大批的现金放在眼前，心情激动得以致不能好好地工作；一个月后，主管问他你在做什么，年轻人回答"我在数钱"。两个月后，主管再问，年轻人回答"我在记账"。三个月后，当主管再问的时候，年轻人非常冷静地回答着说"只是工作"。

对出纳来说，无论是大批的资金流进流出，还是细小的数据填写与删改，都只是工作的一部分，如果能真正认识到这一点，那么就可以成为一个好出纳了。

这些所有的表格中，大部分都只需要出纳从网上或者资料书上寻找到固定的表格格式，然后按时或者按照公司规定填入数据就可以了，比较麻烦的是明细表中的项目变更和日记账中的突发事件。

明细表是把所有项目都细分的表格，所涉及的行和列都很多，而且没有固定的格式——每个单位和部门的会计科目明细表都不同。出纳在制作和汇总明细表时，必须在常设科目之间留下足够的空隙，来容纳突发的项目。比如某个文化活动策划公司，虽然每一次策划活动的框架大体相同，出纳所需要做的总账结构和项目也是相同的，但是其他合作公司对文化活动的要求肯定各不相同。所以在现金日记账中，出现原材料和人工支出项目肯定不同，在啤酒厂可组织的活动能需要烟花（一次性消耗品），而出版社举办的活动则需要红地毯（可以重复使用）。

现金日记账

现金日记账

10年		记账凭证		对方科目	摘　要	现金支票号码	借方									贷方									√	余额								
月	日	字	号				千	百	十	万	千	百	十	元	角	分	千	百	十	万	千	百	十	元	角	分		千	百	十	万	千	百	十	元	角	分
8	1				期初余额																																
	1	记	2	银行存款	提取现金																																
	1	记	2	应付工资	发放工资																																
					本月合计																																

专家点评

细致和耐心是成为一个好出纳的性格条件，不过光做到这些还不够。表格是固定的，工作是固定的，但是出纳作为一线的财务工作人员，要留下足够的"空间"来应对突发事件。

什么是关键数据?

关键词:日记账　结算

日记账: 包括现金日记账和银行存款日记账,是指需要逐日逐笔登记的账簿。

结算: 是指每个会计期间终了时,对企业本期发生的经济业务进行总结,核算经营成果。

随着计算机的运用越来越频繁,出纳本人需要记忆的内容往往需要记录在电脑中。可能一个老出纳能清楚地说出一张支票登记单有几行几列,而一个"现代化"的出纳在没有电脑的时候,根本没有足够的能力和精力来完成出纳工作。当然,会计电算化是财会管理的发展方向,但是要求在日常工作中不能完全依赖电脑记忆,自己必须对接触的关键数据有足够的认知,以应付突发情况。

一般来说,出纳在日常的生活中需要记住一些"琐事":某股东什么时候进来多少资金?某次会议上对某一年现金需求的预估是

经典示例

京东商城在近几年迅速崛起,成为了网络销售的重要一员,然而在网上也传出对它批评,一篇名为《京东商城的七大秘密》的文章,里面提出了这几个问题:京东商城上年度的销售总额是多少?毛利率是多少?销售成本是多少?实际估值和融资是多少?京东的现金还能撑多久?

这些问题的答案就是企业账务的关键数据。

多少？最近可能发生的收款应该是哪个客户在哪个月发生？现在的现金余额，近几个月的现金余额等。还有哪个项目是卖给哪个客户的，以及一些收款条件和付款条件……

而在年度盘账的大局面前，出纳应该记住一些关键财务指标，在应对公司内部上级的询问时，必须能迅速地说出这些数据：企业上年度营业总额、营业毛利率、偿债比率……这些统称为关键财务指标。

在日常工作中，出纳所需要做的并不是机械地录入计算，也必须对一些异常数据有足够的认识，这些数据是：同期相比差额太大的数据；和现实不相符的数据；造成账务无法齐平的数据；超大数字的数据；被人多次复核过的数据……让出纳感觉到异常的数据可能是出纳和会计的工作失误，也可能是公司财务管理漏洞，而能及时发现这些数据是一个好出纳的必要条件。

银行存款日记账格式

登记方法与现金日记账相同

登记分录中银行存款的对方目标

20××年		记账凭证	摘要	结算凭证		对方科目	收入	付出	结余
月	日			种类	号数				
3	1		月初余额						2000 00
	1	银付1	提取现金	现金支票	0356	现金		5000	1950 00
	1	银收1	销售收入	转账支票	2375	主营业务收入	35100		2301 00
	1	银付2	付材料款	转账支票	0451	物资采购		46800	1833 00

登记结算凭证的种类和号码

登记方法与现金日记账相同

关键数据记忆的越牢靠，出纳工作就越顺利，也越能表现出重要性来。

财务报表

关键词：现金流量表　利润表

现金流量表：是指反映企业某一时期的现金流入、流出以及净现金流的情况的报表。

利润表：是反映企业一定时期的经营成果的报表。

编制、处理和输出财务报表一般来说是公司会计的任务，不过其中有些基础表格是出纳必须经受处理的。

利润表（损益表）是出纳每月需要编制的表格。出纳应该根据每日的账表，汇总为总表格，然后检查出其中的错误，和上个月份的表格残余数据对接，最后计算出主营业务毛利率、纯利率等关键财务数据。

现金流量表是显示一段时间内现金流动状况的

经典示例

小王在大学实习时，曾在一家小公司担任出纳。这个公司的业务关系比较简单，人员也很少，所以每个月最终的利润报表编制非常简单，即使和现金实际残余有差别，也就是几十元的问题。毕业后，小王到某国有控股大型公司的销售部门担任出纳。他立刻发现，领导很多，和自己工作相关的人员很多，工作内容的项目也变多了。到了月底汇总总表的时候，小王苦恼了，为什么表格对不上呢？

老会计指导他说，重新查一下单据，实收的才纳入表格，而一些已经确认下月支付而实际上已经算入销售总额的单列项。

表格。对出纳来说，要制作或者编制的现金流量表是月度表格。通过现金流量表，可以综合反映出企业的经营活动、投资活动、筹资活动所带来的现金流入流出，对于评价企业的实现利润、财务状况、财务管理水平有着直观的认识。

出纳在制作利润表和现金流量表的时候，必须注意这么几个问题：

每个月的时间有长有短，所以销售总额之间差别是必然存在的；

现金流量表中的结余，必须和单位的实际现金存余齐平；

所接手的表格里面的数据必须齐平；

表格的签章、时间、表头必须重复确认。

出纳编制报表的流程

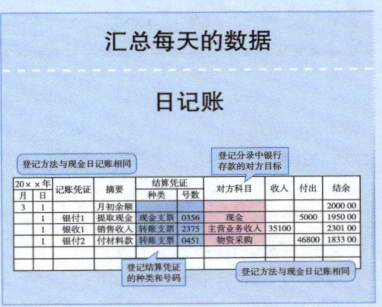

核对、纠错，保证账务齐平

专家点评

在所有的行业中，金融公司的财务报表是最复杂的，因为里面所有的员工都知道如何利用财务报表的漏洞，所以出纳更是不见"现金"不撒鹰。

工资表格

✱✱

关键词：个人工资单　签收

个人工资单：依照公司条例，每月末由出纳打印后发出的工资发放各种信息的凭证。
签收：财务管理中，指确认凭证后，在凭据上签字或者盖章的过程。

在前文中提到，普通人对出纳的印象中有一条就是"到月底发发工资"，其实，出纳最基本的工作就是工资表格的编制和发放工资。

工资是雇主根据法律规定按照分配原则，结合公司的财务制度，出纳按月核算、发放的劳动报酬。因为牵涉到公司的每一个人，每月都要进行一次，发放工资是出纳最基本、也是最容易出错的工作。

经典示例

唐代诗人白居易刚参加工作时，工资比较低，但是与普通百姓相比，还是高薪人员，所以写诗说："小才难大用，典校在秘书……俸钱万六千，月给亦有余"。晚年成为政府高官，工资翻了十倍不止，"月俸百千官二品，朝廷雇我作闲人"。不过，这么多的工资发放是非常不容易的。

唐代通行铜钱作为货币，"百千"铜钱估计一辆马车都载不动，而且铜钱还有质量好坏之分，工资构成中实际上还有米、布匹、虚头、债券、劳动券等，所以可以想象，发工资的出纳（审计吏）工资发放的任务是多么艰巨啊！

出纳先编制工资单，然后根据报送上来的各种凭证——签到表、请假单、奖金表格等填写每位员工的工资状况,核算制作单位工资总表。从银行中领取现金,或者直接到银行中向员工的账户转账。在工资发放日,让所有的员工在工作总表签收确认,最后将总表存档。

在工资发放过程中,出纳必须注意以下几点:工资总表必须制作至少三份,一份供员工查询,一份自己存档,一份上报;必须在员工签字确认后,才能发放工资;他人代签的时候,签收的应该是代签人的名字;工资单必须留下一项空白,是为备注;工资多少属于机密信息,不可以泄露。

工资发放流程

制作工资表 → 从银行取得现金 → 签收发放工资 → 存档核对残余数据

日期	员工姓名	基本工资	本月出勤	饭补贴	全勤奖	业绩奖金	实发工资	领款人签名

专家点评

提前三天开始整,发放当天脑筋醒。一毛一厘要去争,出了此门任他行。翘首企盼前后正,工资条到大家兴。眼见纷扰多过去,存档核对抽腿筋。

工作价值的计算

关键词：工作量　工作日

工作量：每月员工在工作中实际完成的合格工作数量。
工作日：每月除了法定节假日以外的工作天数。

在制作工资表的时候，出纳可以发现基本工资和实发工资的差别。这个差别的金额就体现在工作量和工作日的计算上。

工作日，即工作时间，有双重意义，一是法定工作日，即每月里除了国家法定节假日和单位规定不工作时间外的工作天数；二是实际工作日，法定工作日减去员工请假、迟到、早退等外的实际工作天数。

经典示例

在农业时代，人们的时间观念比较薄弱，而且工作的时候差上些许时间没有关系，所以当时工作日的计算单位以半天为准；大工业时代，流水线生产法的推广，工作时间长短和工作量直接相关，所以工作日计算以每小时为准；信息技术时代，可能因为相差几秒，就能造成产品价格的大幅变动，所以现代公司对工作日的计算更是深入到分——迟到几分钟都会被扣钱。

对公司经营者来说，产品的质和量是同样重要的，但是工作的"质"只有在下个生产环节才能体现，而"量"则是在当月可以看出来的。所以在工资发放中，通过奖励和惩罚来体现质，通过当月的工作量计算来体现量。工作量也就是员工在一月内所完成的工作数量的多少，往往通过奖金来实现。

在工资表格的制作过程中，出纳先要计算每月的法定工作日，然后统计实际工作日，来确定基本工资，再根据工作量来计算实际发放的工资额度和奖金数额。在工资表格中，这些数据都必须有明细可以供员工查询；如果有特殊情况，在备注栏目中加以解释。

一年的工作日

在老板眼中，员工一年只工作200天，每天工作6小时，也即一年就工作1200小时，共50天。

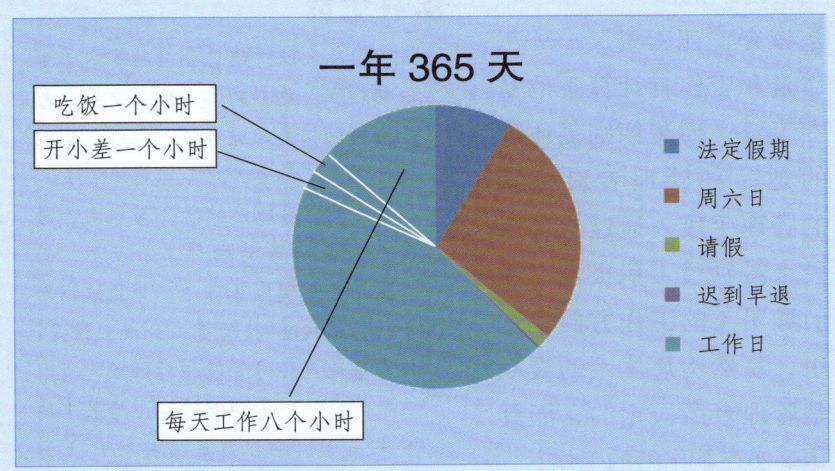

专家点评

工作日、工作量计算越清楚，出现出纳误差的机率越小。

奖惩体系的设定

关键词：奖惩体系　绩效

奖惩体系：企业管理中的一种手段，是指通过奖励或惩罚以激励和引导员工的工作方向。

绩效：业绩和效率，是指实现一定的业绩目标或超额完成目标者给予一些奖励。

出纳的日常工作中，是核查"死工资"——工作量和工作日计算下的基本工资，而奖惩则更体现的是一种管理者对公司的管理手段，通过这种手段来激励员工积极性，或引导员工的工作方向。这里，虽然奖惩体系的设立是管理者所决定的，而具体落实还是出纳的工作。

根据企业职工完成工作质量情况，将工作划分为"不合格"、"达标"、"良好"、"优秀"、"特殊贡献"五个基本等级，并且在每个等级给予奖金（不合格时给予

经典示例

相对来说，销售公司的基本工资份额较少，更多的工资部分是和业务能力密切相关的提成部分，所以出纳统计提成（奖金）的工作更加繁琐。

某大型房地产销售公司规定，每卖出一套房子奖励员工1万元，而卖出两套则奖励3万元，并且根据房子的价格按2.7%为员工分成。但是，日常房地产公司管理相对松散，所以一个部门一个出纳就够了，结果平均下来一个出纳在月底需要统计上月500人的提成情况。

所以，房地产公司的工资是在每月的10号——可以轻易计算出来，而奖金发放是20号——难以统计和确定。

惩罚）。在针对特殊事件时，管理者还会就员工表现给出临时性的奖惩措施。比如单位举办运动会，为了鼓励员工积极参加，规定参赛者奖励50元，获奖者奖励200元。

相对来说，奖金（罚款）的统计更加麻烦，除了固定的奖惩制度外，这部分资金的随意性更大。出纳需要保存每次突发性事件有关于奖惩的记录，和员工本人确定后，填入工资表格中。

到了年底，一般的公司会根据每月的工作情况，对优秀者给予额外的奖励，是为绩效。这个时候，出纳则需要把一年的工资表格中关于奖金（罚款）的部分统计出来，并且排好级别和顺序，按照管理者要求计算并发放绩效考核的奖金。

优秀公司的奖金比例

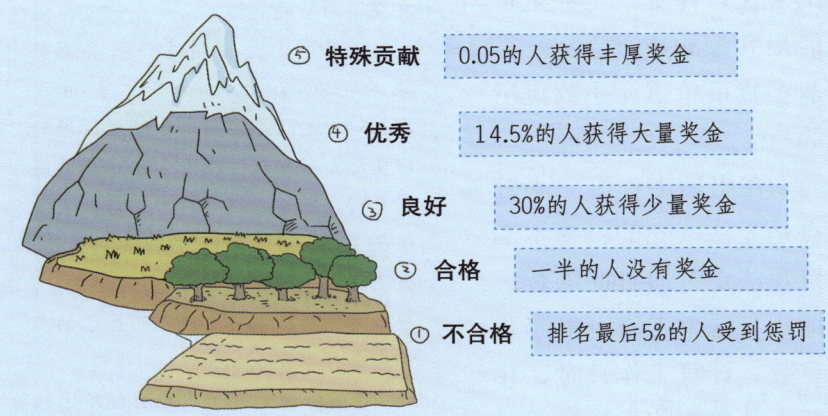

- ⑤ 特殊贡献　0.05的人获得丰厚奖金
- ④ 优秀　14.5%的人获得大量奖金
- ③ 良好　30%的人获得少量奖金
- ② 合格　一半的人没有奖金
- ① 不合格　排名最后5%的人受到惩罚

专家点评

员工工资中奖金所占的比例越大，说明该行业的竞争压力越大，员工的自由度越大，也越容易体现出员工的能力差别。

小数点的查证

关键词：约数　货币的实际发放

约数：对于有尾数小数点比较多的一组数字，取前小数点后两位为大约数。

货币的实际发放：是指实际支付给员工的工资数额。

日常生活中，货币单位分很少用到，但是对出纳来说，计量单位甚至可能用到分的十分之一——基本货币单位元小数点后的三位。

在出纳工作中，小数点是无法清除的：基本工资和法定节假日的除数，即每日基本工资可能不是整数；计算工作日时，存在不是整数的工作时间；员工奖金和提成计算存在叠加和稽查的现象；银行账务往来时，手续费和利息计算会有小数出现；上个时间段的存余会有小数的出现。

如果是现金发放，出纳需要在工资发放前的几天内，从银行中

经典示例

小王调任到公司总部担任出纳，发现了新问题。

以前，小王接到过一张票据数额为43865.78元，而实际支付了43865.76元，他按照老出纳教的经验以实际支付入账，认为这0.02的差距完全可以忽略。可是到总部后，他发现如果每天经手1000张单据的复核，自己就会"捅出"一个约20元的窟窿，一个月下来就是600元，而自己的工资一个月才3500元……

这时，他才发现自己曾经给上级财务人员制造了多少麻烦。

提取大量的零钱，计算单位至分；或者将每月的零钱结余至下月，到年末统一发放。

如果是通过银行账户转账，则需要通过短信或者其他形式向员工说明工资构成，并且解释小数点的哪些部分是银行账户本身产生的。

在出纳计算过程中，一般来说，数字只用精确到小数点后两位就可以了，其余的只需要取约数就可以了。

值得注意的是，出纳必须在结果中取约数，而在单价上不可以取约数。比如某建筑公司甲工程队每月领取水泥10万包，水泥的批发价是每包18.975元，如果在单价上取约数，那么最终账务上就会出现500元的漏洞——出纳误差。

小数点纠错——9除法

错误：假设复查账务发现账面比现金少了43.2元 请问哪里错了

分析：一般来说，出现具体数据错误，而且是小数点错误，原因可能就是点错小数点了。
43.2不可能被除，也不是乘可以得出的结果

结果：原数是 X，错数是 Y，$X-Y=43.2$
$10X=Y$ 或者 $10Y=X$
解得 $Y=4.8$ 或者 $X=4.8$
直接从账务上寻找4.8、48的字样很快就能找出错误了

专家点评：出纳经手的业务规模越大，关系越复杂，项目越多，也越容易出现错误。

容易出现误差的表格

关键词：报表填写错误　误差和错误

报表填写错误：是指填制报表的过程中，出现的录入错误、遗漏、重记、错记等失误。

误差和错误：误差是不可避免的，每张出纳报表可允许一定范围的误差；错误是指人为失误而导致的工作错误。

出纳在日常处理数据的工作中，也会因为各种失误造成误差，集中在以下几点：

1. 录入错误。出纳在录入表格的时候，一个项目通常都是长长的数据，一不小心就会出现重录或者漏录的错误，而且一处错误往往造成整个表格的错误。出纳可以每五行或者每十行留出一个空行或者用其他标记（粗线、颜色等）做记号，然后在录入的时候分段录入，把录

经典示例

同样是当出纳，同事们发现妻子是银行职工的肖伟健手头宽裕很多，而且特别准时，即使是单位主管，如果不按规定时间来，也无法取得一分钱，这让其他同事非常佩服。

然而有一天，单位急需用钱，一致决定让肖伟健提取100万，结果发现账面上的100多万不翼而飞，经过调查发现，肖伟健没有贪污行为，只不过利用出纳误差和妻子职务之便，所经手的每一笔钱都会在债券、期货或者储蓄等低风险行业中转圈，然后回收，为自己赚取额外利润。这让单位很恼火，最后只能将他辞退了事。

入错误限制在几个位置内。

2. 数据表格遗漏或者重置。出纳特别是几个出纳合作处理表格的时候，在录入单据过程中，容易发生单据遗漏或者单据重复录入的错误。这就要求出纳必须按照单据的编号录入。

3. 项目差别。同一个数据在报表的制作时，可能会出现在不同的表格中很多次，并且可能被拆分开来，录入不同的账务。这就要求出纳在制作表格时，在所有的列后面加上备注一项，将无法确定的数据或者异常数据单放。在完成一个共同特征的数据录入时，就必须做出小结，在表格结束时，做出总计。

4. 行为延迟。比如在接受某债券作为有价证券支付的时间，到出纳录入的时间可能相差一天，结果因为市场变化，这一天的债券价值就发生了变化；比如税前利润、退税、折扣、补贴等，都会因为出纳延迟行为而产生误差。这些是无法避免的，出纳只需要专门说明原因就可以了。

误差和错误的区别

错误	可以避免	就查出来，追究出纳责任	不可以容忍错误出现
误差	不可避免	有意为之，出纳舞弊手段之一	每张出纳表格都有可容忍误差总额

专家点评

出纳管理资金，即公司将命脉交给出纳，如果失去公司信任或者做出有损公司信任的行为都是灾难性的。

一学就会的出纳全图解

时间和表格

关键词：序列　时间差

序列：出纳在登记经济业务时应按时间的先后顺序进行记录。
时间差：由于世界各地的时间不一样，从事贸易行业的企业需要确定以哪个地方的时间为业务发生时间。

出纳整理单据、报表时有两种习惯：一种是按种类分门别类；另外一种则是按照时间先后归类。前一种方法方便做账，后一种方法方便查账。

出纳在接手任何报表时，必须再三确定报表的时间。

没有时间的报表没有实际意义。从有契约行为开始，时间就作为契约的一部分存在，出纳报表也不例外。出纳需要注意的是，在为单据加盖公章表示确认的时候，公章必须将时间项和签名同时压住，这样就不会留给别人做假单据的空间。

报表时间关系，两笔交易的发生顺序先后很容易造成巨大的财

经典示例

某地方法院曾经接到过一桩财产纠纷案件。

甲曾向乙借款100万元开办养猪场，约定利息5万元，并写了一份合同，双方各执一份，没有中间人——在非正式合同中，这种情形是允许的。结果1992年3月，乙来收回利息和本金时，甲以没到期为由拒不缴纳。地方政府调解无效，最后双方法庭上出具证据，甲的合同上是1993年，乙的日期则是1992年，就连笔迹专家也无法确定，最后法庭只能判定让甲在1992年底偿还本金和利息。

务差距。比如公司的下属单位同时向合作方签订合同,并收定金,恰好在同一天发货。公司仓储部门发货的时候就会按照定金的实际接收时间先后发货。表面上看差别不大,但是如果发货延后半天,结果因为天气因素或者其他不可抗拒的因素造成发货无限延迟,对公司和合作方来说都关系重大。

报表的编号。以发票为例,在发票印制的时候就会有编号,但是这个编号是税务局登记的编号,开具单位的发票存根和接手单位的发票都会根据时间重新编号,并且依次来报销和记录。

为了防止出纳凭证上的时间被编造,重大经济合约或者正式的财务报告,时间都必须以大写的汉字表示。

时间差和时差

跨国公司贸易往来时,时间必须和货币单位国家所在时间统一。比如双方合作资金单位是美元,那么时间就是华盛顿时间,如果是人民币,那么就是北京时间。

专家点评

所有的报表只有在时间有效前提下有效,所以在印制上,都会在报表左上或者右下印上"＿＿年＿月＿日"上加盖公章。

银行事务处理

　　银行在全国乃至全世界范围内的联网,让企业资金往来更加方便,交易甚至可以完全不需要面对支付现金,可以瞬间在世界的两端实现交易,交易安全性更高,成本更低,大批资金来往都有迹可循。

　　然而,企业财务和银行功能密切相连,也给出纳工作带来新的要求和挑战:出纳时间更加重要;账户关系复杂;资金安全受到市场环境影响;出纳误差扩大;出纳的责任更加重要……

　　这就需要出纳有技巧地来处理银行事务。

银行结算账户

关键词：账户　银行账户

账户：管理需要和信息使用者的具体要求，对会计要素的内容进行科学的再分类，并给每一类别标准的名称和相应的结构。

银行账户：存款人在经办银行开立的办理资金收付结算的人民币活期存款账户。

在我国，银行结算账户是指存款人在银行开立的办理资金往来收付结算的人民币活期存款账户。其中，银行指的是在我国境内经中国人民银行批准而成立的政策性银行和商业银行，包括外资银行和合资银行、外国银行分行；存款人，包括个人和单位，在本书中，银行账户存款人一般指企业。

银行结算账户分为个人和单位两种，其中单位结算账户也即企业在银行中设立的账户分为四种：基本户，用于企业现金收付和支取，以及银行转账，一个公司只能有一个基本户；一般

经典示例

张先生原来在房地产公司工作，积累了关系网和人脉，所以自己趁机开设了一家房地产中介公司，但是没有经验所以企业的银行结算账户和个人银行结算账户是一体的。一年后，张先生仔细盘账，发现个人的户头增长了12万元，然而比较起来，一年前在房地产公司上班时一个月工资是1万。

这么综合算来，公司没有为他带来任何利益，但是如果不是年终财务盘点，张先生还没能醒悟过来。

账户，只能用于银行存款收付，不能支取现金，一个公司可以在多个银行设立多个一般户；临时账户，企业为了交易在基本户的开户银行中临时设立的账户，交易完成后就会撤销；专用账户，比如企业为了某种特殊的用途而专门设立的账户，一般来说主要有基本建设资金、财政外预算资金、原材料收购资金、更新改造资金、住房基金、股票资金等。

所有的账户必须由企业法人代表向银行出具证明才可以设立。不过在执行上，企业法人代表不会去银行办理账户，往往是出纳持有法人代表的签章前往银行办理该业务。

出纳和银行结算账户

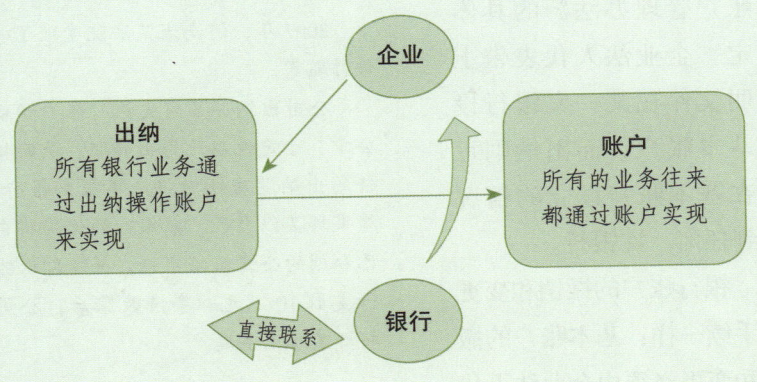

专家点评

企业银行结算账户的严格管理既是公司财务管理体系的一部分，也是国家对公司控制监督的一种方式。

银行账户的管理原则

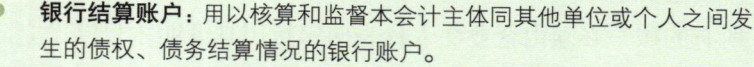

关键词：银行结算账户　账户变更

银行结算账户：用以核算和监督本会计主体同其他单位或个人之间发生的债权、债务结算情况的银行账户。

账户变更：企业在各个银行之间因为企业自身变化而要求的基本账户变更。

根据《人民币银行结算账户管理办法》的具体规定，企业法人代表带上证明文件在某一家银行设立基本账户，而出纳则可以在基本账户设立的情况下到任何一家银行。

银行账户的撤销和变更的手续一样：基本账户的撤销和变更必须由企业法人代表亲自执行，而一般账户、临时账户和专用账户的撤销和变更都可以由出纳执行。银行账户的变更是指企业名字变更，最主要的法人代表资料发生变动，企业撤销、合并、破产等重大事件发生，需要银行结算账户发生相应变动的情况。

日常经营中，出纳是企业和银行的直接联系人，出纳会定期（比如每月发工资时）、不定期（比如大规模交易进行时）对银行

经典示例

2007年，河南省某法院受理了一件诈骗案。

公司出纳邢某遗失银行账户预留公章，于是他以此为由辞职，然而接任的出纳没有及时将此事报知银行。结果邢某以自己"熟人"的优势将自己私刻的公章报给银行，并随即从银行支取10万元。事情败露后，公司将邢某告上法庭。

结算账户进行操作，提取或者存入现金，或者向银行出具票据，让银行进行转账。

出纳应加强对预留银行印鉴的管理。如果发生遗失预留公章或财务专用章或法人代表章时，必须及时向银行挂失；如果预留公章或者财务专用章或法人代表章发生变更，出纳也必须及时向银行出具相关证明文件（主要包括书面申请、开户许可证、营业执照等）及时告知银行变更事宜。

银行结算账户申请书

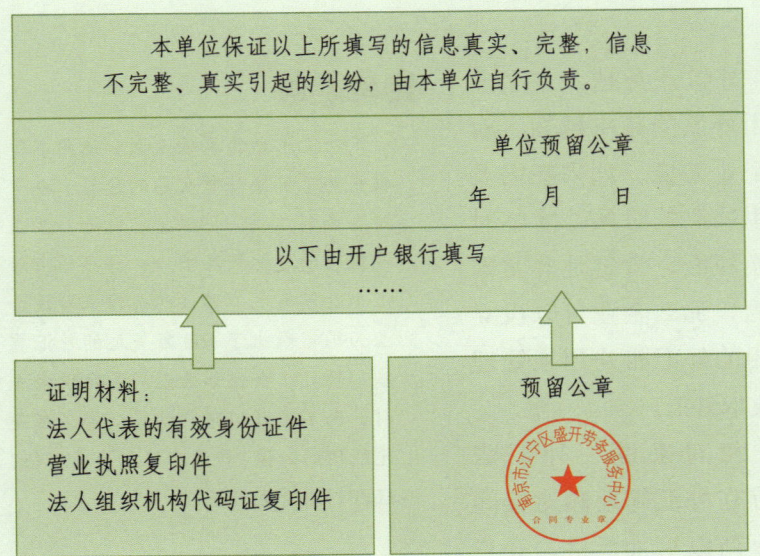

专家点评

如果银行能纯粹对事不对人，即使出纳出现错误或者出纳有意识舞弊，都不能给企业带来大麻烦。

外汇结算账户的开设和年检

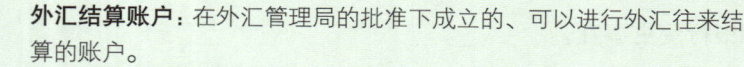

关键词：外汇结算账户　银行结算账户

- **外汇结算账户**：在外汇管理局的批准下成立的、可以进行外汇往来结算的账户。
- **银行结算账户**：用以核算和监督本会计主体同其他单位或个人之间发生的债权、债务结算情况的银行账户。

外贸业务越多，企业使用外汇的频率越高。对于企业来说，如果在需要使用外汇的时候，才临时兑换外汇，肯定是非常繁琐的，那么企业可以设立专用的外汇账户用来管理和支取外汇。

相对来说，外汇账户存在外汇管理和对接问题，所以更加严格。开户银行凭企业提供的《外汇账户使用证》，在规定的外汇种类、额度范围、使用期限、收支范围、结汇方式内为企业办理外汇收支业务。而《外汇账户使用证》的取得和使用都必须经过外汇管理局批准。

企业必须依照外汇管理局给出的《开立外汇账户批准书》及

经典示例

外汇账户的单独设立和使用不仅仅是为了加快外贸交易的速度，也是对企业利益的一种保护。例如，某企业经营的是化妆品出口，每年结余外汇100万美元，那么也就意味着该企业为国家做出了100万美元的外汇贡献。而且，企业如果采用美元现金支付，而不是外汇账户结算，那么在美元贬值的时候，就没有银行为其保值，经济利益将直接受损。

《外汇账户使用证》账户最高限额、使用期限、结汇方式来使用外汇账户,不得在额度、期限范围外继续使用外汇账户。对于那些净收入外汇的企业,如果需要结算外汇也必须经过外汇管理局批准。

出纳还需要准备应对外汇年检。所谓外汇年检,也就是使用外汇账户的企业按照《境内机构中资企业经常项目外汇账户年检规定》在每年的3月1日到6月30日,由企业委托的会计事务所进行年检。

外汇账户使用过程中,出纳所需要承担的工作是:提醒单位管理人员可能存在的超额度、超时期的外汇结算行为;在某涉及外汇的项目延期时,向外汇管理局申请外汇账户使用期限延长;在外汇管理局每年公布一次有资格年检的会计事务所名单中,协助财务主管选择年检的会计事务所;保存外汇账户使用记录。

外汇年检的应对

问题	解决
未经批准开立外汇账户 出租、出借、转让外汇账户 擅自改变账户使用范围 擅自超出最高金额、使用期限使用账户 其他违反有关外汇管理规定	选择和本企业"一条心"的会计事务所 提前自查 补申请延期、超额 和他单位合作,双方外汇账户叠加

专家点评

出口退税的执行也是通过外汇账户实现。大部分时候,让个人和企业感觉受到拘束的经济政策,其实也是在保护个人和企业的经济利益。

新企业账户开户流程

关键词：账户　新企业

账户：管理需要和信息使用者的具体要求，对会计要素的内容进行科学的再分类，并给每一类别标准的名称和相应的结构。

新企业：成立时间在三年以内的法人组织。

虽然企业都是在走向正轨的时候，才会有职业出纳参与工作，但是并不意味企业在创办前期就不需要出纳知识。一个合格的经营者也必须熟悉出纳工作的大部分内容和流程，这样可以在创业和经营上获得事半功倍的效果。

经典示例

一位资深出纳说："出纳生涯中，感觉最深的就是银行账户的开户。在20世纪八九十年代，任何人去银行开户都是一个非常繁琐的过程，而且你还不知道为什么办不下来。而现在各地都吸收外资，只要文件齐全，通过审核，当时就可以办理下来。"

新企业开办时，企业经营者到银行开办企业账户，需要的证件如下。

一、企业法人代表应出示企业法人的营业执照正本；非法人型企业应该出具企业营业执照正本；民办非企业组织应出示《民办非企业登记证书》；在外地设置企业的下属常设机构，必须有当地政府主管部门的批示文件；外资企业的驻华办事处、驻华代表处应出具国家登记机关颁发的登记文件；其他组织都必须出具主管单位的批示文件。

办事人员最好预先准备文件正本和两份复印件。

二、从事生产经营的纳税人开办企业应出具税务部门颁发的国、地税务登记证正本及复印件一式两份。

三、有组织机构代码证的单位，应同时出具组织机构代码证正本及复印件一式两份。

四、法人代表办理账户开户，只需要出具本人身份证及其复印件就可以了。如果是委托他人办理，那么除了委托人、经办人的身份证和复印件外，还必须出具加盖单位公章的委托书及其复印件。

五、如果开办的不是基本账户，那么只需要出具基本结算账户开户行发的《开户许可证》和一份复印件。

银行账户开户流程

- 银行交验证件
- 客户如实填写《开立单位银行结算账户申请书》，并加盖公章
- 填写"人民币单位银行结算账户管理协议"，开户行与存款人各执一份
- 开户行将《开户许可证》正本及密码、《开户申请书》客户留存联交与客户签收
- 送报人民银行批准核准
- 填写"关联企业登记表"

专家点评

万事开头难，在新企业中担任出纳所需要的知识面更加广，也需要更旺盛的精力、更强的办事能力。

专用存款账户

关键词：专用存款账户　开户条件

专用存款账户：为了特殊项目和目的，在基本账户行专门设立的银行账户。

开户条件：一些特殊账户的开设，必须符合银行设立的门槛条件。

企业的银行账户有四种类型。这四种类型中，专用存款账户是为某一特定用途资金进行专项管理和使用而开立的账户。

在下列情形下，企业为了更好地管理财务，需要设立专用账户：

（1）基本建设资金；

（2）更新改造资金；

（3）财政预算外资金；

（4）粮、棉、油收购资金；

（5）证券交易结算资金；

（6）期货交易保证金；

（7）信托基金；

（8）金融机构存放同业资

经典示例

个人银行账户的说法并没有类似的专用存款账户分类，但是可以模仿这种做法来实施个人理财。

例如"我"现在想要买房，但是工资不够，于是决定每天晚上8～10点为他人编辑稿件，然后每月将该部分收入单放入某个银行账户。从此开始积累，房子的首付款支付、房子装修完毕、房款付清都通过这个账户处理。

这样做的好处就是量力而行，不至于买房没有计划，也不至于被房贷压垮。

金；

(9) 政策性房地产开发资金；

(10) 单位银行卡备用金；

(11) 住房基金；

(12) 社会保障基金；

(13) 收入汇缴资金和业务支出资金；

(14) 党、团、工会设在单位的组织机构经费；

(15) 其他需要专项管理和使用的资金。

出纳对专用存款账户的管理也需要注意如下几点：依照计划撤销账户；如果专门的项目或者账户用途没有预期结束，那么出纳在延期账户时，需要向上级报备存档；在账目记录时，专用存款账户的账务必须分开。

企业银行账户分类

- 基础账户：一家企业只能开设一个
- 临时账户：临时设立，最长在一个月内撤销
- 一般账户：不得提取现金
- 专用账户：不得办理现金收付业务

专家点评

从专用存款账户中支取现金必须按照《人民币银行结算账户管理办法》及《国家现金管理的规定》办理。

银行存款日记账

关键词：日记账　出纳日记账

日记账：经济业务发生时间的先后顺序，逐日逐笔登记的账簿，也称为序时账。

出纳日记账：为了加强对现金和银行存款的管理，各单位出纳单做的明细账本。

出纳日记账是明细账的特殊形式，用于加强对现金和银行存款的管理，通常包括现金日记账和银行存款日记账。本节主要介绍银行存款日记账。

银行存款日记账是企业最重要的财务存档之一。在使用该账簿时，还必须按照法律规定填写"账簿启用表"。

出纳员根据审核后的银行存款凭证、付款凭证，逐日逐笔按顺序登记，然后按照固定格式填写银行存款日记账。登记的具体要求如下：

（1）根据复核无误的银行存款收款凭证、付款凭证登记账簿；

经典示例

大部分人认为出纳是一个技术含量不高的工作，然而想要做一个好出纳可不容易，在古代出纳就是账房，应聘账房是非常困难的。

从已有的资料可以看到，古代应聘账房的条件一个是眼神好，另外一个就是字迹必须清楚。而且比现在出纳更难的是，古代账房还要求能够单手打算盘，测试时给一本陈年日记账，然后账房左手打算盘，右手写字，在规定时期内整理好账务。

（2）所记载的内容必须和记载凭证一致，不得随意改变；

（3）不得更改记录的顺序；

（4）登记账簿时必须连续，不得跳行、隔页，不得随便更换账页和撕扯账页；

（5）账簿页面必须整洁清晰，准确无误；

（6）必须用钢笔，蓝色或黑色墨水来书写；

（7）每一页记载完后，必须转页，不得超出行目；

（8）每月月末必须按规定结账。

总之，出纳必须确保账目既清晰美观，又要确保能承担经济责任。

银行存款日记账格式

年 份		凭证字号	支 票		摘要
月	日		种类	号数	

专家点评　　出纳日记账的装订必须采用订本式账簿，而且在任何情形下都不能用银行的对账单或者其他账单来代替日记账。

银行存款的核对

关键词：余额调节法　未达账项

余额调节法：通过已经发现的账面差额和双方的未达账项差额相等，即可以证明双方账目没有错误。

未达账项：企业和银行之间，由于收、付款结算凭证的传递和双方入账时间的不同，一方已取得了结算凭证，并登记入了账，而另一方却因不能及时收到有关的结算凭证，暂时还不能入账的事项。

企业的银行账户使用非常频繁，而企业与银行的资金入账时间又不尽相同，所以双方账面记录可能会出现不一致的情况。为了让银行存款得到更有效的管理和监督，及时发现未达账项，并防止财务舞弊，企业应该至少每月一次进行存款核对。

出纳必须将"银行存款日记账"和银行打印的"对账单"的记录逐笔核对，主要核对的项目是结算凭证的种类、编号和收付款项的余额。一般来说，除了出纳误差外，出现错误的原因就是未达项的存在。存款核对时出现未达项的情况分

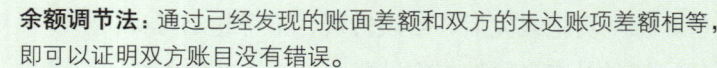

经典示例

大恒销售公司月末银行存款的日记账余额是80000元，这笔存款可以细分为四笔账务：企业已付但银行未付款项3000元；企业已收银行未收款项5000元；银行已收企业未收款10000元；银行已付但企业未付的是4000元。

经过计算，我们可以知道如果做这个月的账务小结，那么存款是84000元。

为四种：

(1) 银行已经收款入账，企业尚未入账。

(2) 银行已经付款入账，企业尚未入账。

(3) 企业已经收款入账，银行尚未入账。

(4) 企业已经付款入账，银行尚未入账。

对未达账项的调节方法主要是余额调节法。

余额调节法通过已经发现的账面差额，和双方的未达账项差额相等，即可以证明双方账目没有错误。如果差额不相等，即可证明一方记录错误，需要重新核对账务。差额调节法的公式如下：银行对账单余额－企业银行存款日记账余额＝（银行已收而企业未收款项－银行已付而企业未付款项）－（企业已收而银行未收款项－企业已付而银行未付款项）。

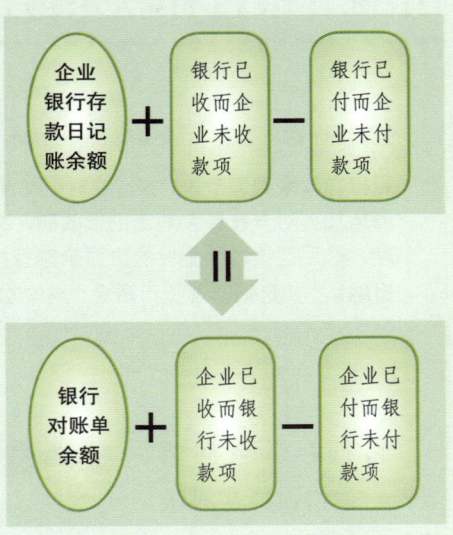

专家点评

在核对账目过程中，企业如果发现有长期悬置的未达账项，应主动与银行等有关部门认真核对查明原因，作出妥善处理。

出纳对银行存款余额的操作

关键词：银行存款余额调节表　出纳

银行存款余额调节表：银行在对账单余额与企业的账面余额的基础上，各自加上对方账面余额上的已收额，减去对方账面余额上的已支付额度，最后让银行和企业的账面余额保持一致后的表格。

出纳：主要是指管理货币资金、参与公司财政计划和会计监督的行为。

银行存款余额调节表，是指银行在对账单余额与企业的账面余额的基础上，各自加上对方账面余额上的已收额，减去对方账面余额上的已支付额度，用于比较银行和企业的账面余额是否一致。

银行余款调节的执行者是企业的出纳和专门负责该企业业务的银行业务员。双方每月都需要核对调节。

如果最终的"银行存款余额调节表"上双方余额相等，那就

经典示例

某公司和银行就2011年3月1日到3月5日账务进行银行存款余额调节，最终双方对账的情况如下：

开户行及账号：　　　　　　金额单位：元

项　目	金额
企业银行存款日记账余额	40000
加：银行已收、企业未收款	80000
减：银行已付、企业未付款	70000
调节后的存款余额	50000
银行对账单余额	10000
加：企业已收、银行未收款	60000
减：企业已付、银行未付款	20000
调节后的存款余额	50000

主管：　　　　会计：　　　　出纳：

说明双方的账务都没有问题。如果经过余额调节双方的账务仍不相等，那么可能是某一项账务为记入，或者双方的账务都出现了错误。如果银行存款余额调节表错误，那么出纳就得进一步复查账务，查明不能齐平的原因，并加以更正。经过双方调节相等后的银行存款余额，也就是企业的银行存款实数。

对于银行已经划入账户，但是企业并没有实际登记入账的账款的未达账项，必须等银行结算凭证到达本单位后，才可以计入账面的收入。出纳不可以"银行存款调节表"作为企业账务的依据。

一般来说，出纳应在每月工资发放后的第二天去银行调节余额。

三种银行存款余额调节表

公式一	公式二	公式三
企业账面存款余额＝银行对账单存款余额＋企业已收而银行未收账项－企业已付而银行未付账项＋银行已付而企业未付账项－银行已收而企业未收账项	银行对账单存款余额＝企业账面存款余额＋企业已付而银行未付账项－企业已收而银行未收账项＋银行已收而企业未收账项－银行已付而企业未付账项	银行对账单存款余额＋企业已收而银行未收账项－企业已付而银行未付账项＝企业账面存款余额＋银行已收而企业未收账项－银行已付而企业未付账项

专家点评

如果每次在进行存款余额调节时都出现错误，那么就应该警觉，公司的财务制度是不是出了问题，或者企业需要换一家开户银行。

银行利息核算

关键词：利息　利息率

利息：货币所有者因为发出货币资金而从借款者手中获得的报酬。
利息率：一段时间内，货币所获得利息和货币本身金额的比率。

个人银行账户的操作频率比较低，所以利息计算比较简单。而企业银行存款数额巨大，且因为操作频繁，计算更加复杂。出纳在接手银行账单的时候，也必须自己来核算利息，否则就容易造成单位利润损失。

当然，在每笔资金进出后又重新计算利息显然是不可能的，所以我国法律对银行存、借款利息的计算规定：企业单位的存款账户、普通的贷款账户，在每个季度末20日时计算利息；对工商企业实行逐笔核贷方式的贷款账户，按季或按贷款收回日计算利息，按季计息的计息日为每季末20日；如果单位撤销或者变更账户，随时清算利息。

经典示例

出纳应该持有的理念是"不给银行以任何机会"。

表面上一天的利息可以忽略，即使错误对企业来说也没有差别，但是假设一笔10万的贷款业务每天的利息是10元，那么多一天就是10元。而银行每天"发生"这样的错误10次，那么银行就直接从企业身上赚了100元。

因为对大企业来说，一天可能还不止发生10次这种规模的交易。所以出纳必须睁大眼睛对待利息，绝对不能让银行"占便宜"。

银行计算存、贷款利息的公式如下：

本金×时期×利率＝利息

累计计息积数×日利率＝利息

日利率＝月利率÷30或＝年利率÷360

月利率＝年利率÷12

银行利息计算流程

明确货币本金
- 每一笔货币的存入时间不一致；
- 按时间不同，分别计算

确定利息率
- 整存整取，零存整取、整存零取、零存零取都有不同的利息；
- 银行日常使用账户里的资金不算利息

代入公式
- 利息＝本金×利息率；
- 我国目前的利息率在世界范围内存款利率规定最低，贷款利率规定最高

出纳在利息计算的时候还需要注意以下几点：

一是为了统一日期，在算天数时"算头不算尾"。贷款和存款的利息都是交易发生当天开始起，到清算前一天结束计算。

二是逐笔计算存、贷款的利息时，其计息时期，如果满月的就按30天一个月计算，不满月的按实际天数计算。

三是如果发生利息率变动，那么就应该采取分段计算方法，用不同利息率分别计算，然后加总。不过，此处指的是活期存款，如果是长期存款或者贷款，那么就按照签订合约的条件计算。

专家点评

如果不从一开始明确出纳在财务管理中的地位和职责，那么也就意味着企业规模越大，出纳漏洞就越大。

支票的管理

关键词：支票 支票密码簿

支票：由出票人或者单位签发，委托银行等金融机构在见票据时无条件支付现金给持票人的一种票据。

支票密码簿：支票票面上，在支票生成时同时生成的一长串暗码，和支票的明码相对应。

支票是由出票人或者单位签发，委托银行等金融机构在见票据时无条件支付现金给持票人的一种票据。

一般来说，在日常经营中，领取、使用、作废和回收支票都是出纳的工作。

出纳在领用支票簿时，必须根据规定在"空白单据登记簿"上填写编码，并且发交给经办人员签章使用。

如果支票作废，出纳需要在以前登记的编码处粘贴存根，并且加盖"作废"戳记，确保无误。

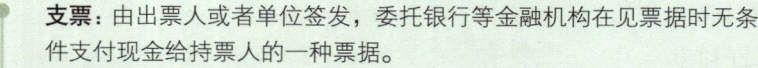

经典示例

支票从入账到现金有两天的时间差。

魏女士接到中奖短信，认为是骗子短信，然而到银行去查账时，发现存款中真的多出20万现金，于是按照对方要求汇入了将近2万的手续费用。然而，第二天再去查账的时候，她发现那20万不翼而飞了。

最后银行工作人员告诉他，对方用的支票存入，当天银行就现实资金到账，然而对方在两日内可以随时撤回支票，让账户变零。银行如果核查后发现是空头支票，这笔资金也会变成零。

每一段经营日期结束后,出纳需要查证已经签发的支票存根,在最后一张存根的背面写上结算余额,并且和银行核对签发数是否相等,尚未使用的空白支票张数是否相等。用后的支票也不可以随便丢弃,出纳必须核查用完张数、作废张数、未使用张数和银行发出总张数是否相等,并按照规定,必须保存用后支票存根15年。

出纳领用和回收支票时,必须确保支票的真实性,凭借的就是支票上的密码单。支票密码单是出票人和单位在签发支票时,将签发人的账号、公司行业、签发的日期、金额等票面信息输入密码生成器中,由支付密码器随机得出支付密码,并随后将这个密码印制在支票的支付密码栏目中。

支票格式

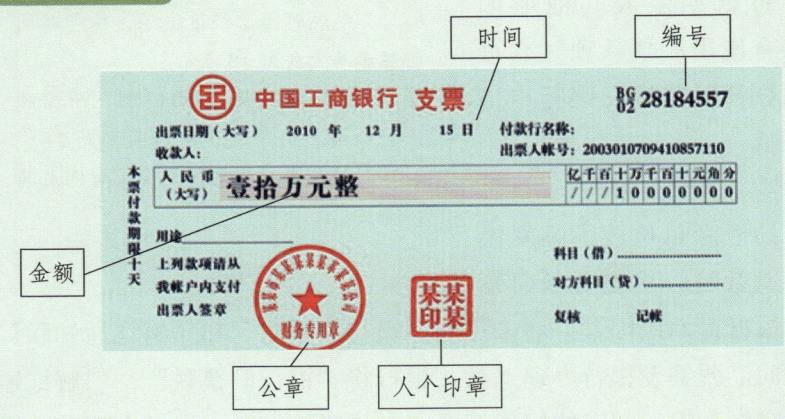

专家点评

空白支票并不是指支票上一片空白,而是出票人为了表示对持票人的信任,特意在金额上留下空白让持票人随意填写。所以,出纳对空白支票的管理极为重要,必须在资金管理中随时应对持票人的现金提取。

汇票的管理

****

关键词：汇票 出票人 受票人

汇票：出票人签发的，要求付款人在见票时或在一定期限内，向收款人或持票人无条件支付一定款项的票据。
出票人：开立票据并将其交付给他人的法人、其他组织或者个人。
受票人：接受支付命令，按照票据要求进行支付现金的个人或者组织。

汇款单位因汇票超过了付款期限或其他原因没有使用汇票款项时，可以分情况向签发银行申请退款：

经典示例

发现时间已经过去了，银行时间显示马上要到18点。

日常时间是12小时制，而出纳和会计上使用的所有时间都是24小时制的，在一些票据兑现上时间尤其重要。

（1）在银行开立账户的汇款单位要求签发银行退款时，应当备函向签发银行说明原因，并将未用的"银行汇票联"和"解讫通知联"交回汇票签发银行办理退款。银行将"银行汇票联"、"解讫通知联"和银行留存的银行汇票"卡片联"核对无误后办理退款手续，将汇款金额划入汇款单位账户。

（2）未在银行开立账户的汇款单位要求签发银行退款时，应将未用的"银行汇票联"和"解讫通知联"交回汇票签发银行，同时向银行交验申请退款单位的有关证件，经银行审核后办理退款。

出纳员对汇票的管理

（3）汇款单位因"银行汇票联"和"解讫通知联"缺少其中一联，不能在兑付银行办理兑付，而向签发银行申请退款时，应将剩余的一联退给汇票签发银行，并备函说明短缺其中一联的原因，经签发银行审查同意后办理退款手续。

业务经办人将收取的承兑汇票交于出纳员，出纳员根据承兑汇票登记"承兑汇票登记簿"，业务经办人与出纳员在登记簿上签字。收到汇票后，认真检查票面是否规范，看票面上的用章是否规范，有无涂改的痕迹，盖章和单位名称是否一致，是否使用的是财务专用章等，是否有需要出具证明，如需证明，应及时与前手联系尽快取得证明。

在接受汇票后，要像支票一样对待，按照公司规定的程序，对其进行整理，一般来说主要是存档、背书、用一式两联存档等。

- 建立"承兑汇票登记簿"的台账，按照时间顺序存档
- 确认并登记汇票
- 存入保险柜
- 开具收据
- 登记信息交给会计做账

专家点评

我国于1995年5月10日通过了《中华人民共和国票据法》，并于1996年1月1日起施行。

银行凭证的复查

关键词：存款付款凭证　复核

存款付款凭证：根据银行存款付出业务的原始凭证编制的记账凭证。
复核：在银行业务中对公业务金额数量庞大，需要另一个柜员对前一个柜员的工作进行复核。

银行存款付款凭证是出纳人员办理银行存款付款业务的主要依据。出纳员在接到会计人员编制的银行存款付款凭证时，应当对凭证的项目和内容逐一进行认真复核。复核的内容、方法和要求与现金收款凭证的复核和支票结算方式所介绍的内容大致相同。不同的是：对银行存款付款凭证的复核还应注意以下内容：

经典示例

2004年，广东省清江浦地区法院受理了一起诈骗案。某位出纳到银行提取现金时，发现账户内资金不翼而飞，于是找到存款凭证，发现上面并没有当地银行的经理签字——是一张无效凭证。进一步调查，结果发现是存款当天，银行业务员并没有将金额实际入账，而是假存，然后给了客户一张无效凭证。而单位出纳比较粗心，确认了数额后就离开了银行……

（1）付款凭证的"摘要"栏是否注明付款结算方式。

（2）付款凭证支付项目是否是国家控制的商品，有无企业所在地或上一级财政部门批准的书面证明等。

(3) 重大开支有无企业领导或总会计师签批手续。

出纳员在复核凭证中如果发现其中一项不符合制度规定,应当立即将凭证退回编制凭证的会计人员,不予办理。

凭证样式

贴现凭证(收账通知)

填写日期:　　年　　月　　日　　第　　号

贴现汇票	种类		号码						名称									
	出票日		年　月　日						申请人	账号									
	到期日		年　月　日							开户银行									
汇票承兑人(或银行)	名称								账号			开户银行							
汇票金额	人民币(大写)	千	百	十	万	千	百	十	元	角	分		千	百	十	万	千	百	十	元	角	分
贴现率	%	贴现利息							实付贴现金额			千	百	十	万	千	百	十	元	角	分

上述款项已入你单位账户。
　此致

备注:

银行盖章
　年　月　日

专家点评　个人业务处理时,数额较小,即使有纠纷,也易于处理。而出纳工作时现金数额巨大,所以必须慎重对待银行凭证。

银行电子回单的管理

关键词：银行电子回单　回执

银行电子回单：为企业客户提供其网银付款交易查询、下载、打印（补打）以及验证功能的电子回单。

回执：销售方对收货方所付款给予盖单位财务章的收款收据。

出纳每天执行的收付款业务都会有银行回单与之对应。以用来企业日常的账务处理。近几年，在互联网飞速发展的背景下，网上银行越来越被大家所认可。对于企业来说，银行电子回单也开始出现在财务单据中。

经典示例

房租诈骗案的典型方法就是通过电子回单做文章。骗子房东在接到房客汇款后，以违约为由驱逐房客。然而房客出示电子回执单或者没有电子回执单时，就会进入诉讼过程。最后房客才发现账款汇入了一个陌生的账户，而房东也否认该账户和自己的关系……

银行电子回单是为企业客户提供其网银付款交易查询、下载、打印（补打）以及验证功能的电子回单。其特点是：

（1）信息详细丰富。电子回单记载了企业网上付款交易的各种详细交易信息。

（2）认证真实可靠。电子回单加盖了银行电子回单专用章，并且标注了电子回单号和验证码，以确保电子回单的真实性和可认证性。

（3）使用方便快捷。银行提供全天候7×24小时账户电子回单查询功能，可以轻松完成各类交易的企业账务处理。在银行开立单位结算账户的企业到开户网点柜面注册普及版企业网银后，即可使用此功能。

当然，有利必有弊。电子回单固然方便，但在使用的同时也应该注意以下几个问题：

（1）电子回单为补打回单，注意不要重复记账；

（2）此回单不作为收款方发货依据。

（3）每笔交易的电子回单的回单号是唯一的，而回单验证码不唯一，每次打印时都会重新生成新的回单验证码。

电子回执单格式

中国工商银行		网上银行电子回单	
电子回单号码：0010-6893-0427-0125			
回单类型	网上转账汇款	指令序号	HQH0000000000001637408405
收款人 户名	×××	付款人 户名	×××
卡(账)号	××××××××××	卡(账)号	××××××××××
地区	九江	地区	北京
网点	工行江西省九江浔中支行	网点	工行北京分行业务处理中心
币种	人民币	钞汇标志	钞
金额	1,500.00元	手续费	7.50元
合计	人民币(大写)：壹仟伍佰零柒元伍角零分		￥1,507.50元
交易时间	2012年02月15日20时30分	时间戳	2012-02-15-20.30.04.000000
用途	还款		
（中国工商银行电子回单专用章）	附言：		

专家点评

虽然各银行的电子回执单格式不一样，但是整体上说来，人民币大写、签章、编号和经手人都是一致的。

银行卡须知

关键词：银行卡　单位卡

银行卡：商业银行（包括邮政金融机构）向社会发行的信用支付工具。

单位卡：商业银行（包括邮政储蓄金融机构）向企业单位、事业单位发放的银行卡就是单位卡。同一个单位的所有单位卡账户相同。

银行卡，是商业银行（包括邮政金融机构）向社会发行的信用支付工具、具有消费信用、转账结算、存取现金等功能，能给客户带来更多的便利。而商业银行（包括邮政储蓄金融机构）向企业单位、事业单位发放的银行卡就是单位卡。

企业必须在中国境内的金融机构中开立基本存款账户，才可以申领单位卡，并且按规定填制申请表，连同有关资料一并送交开户银行。申请开卡并交存一定金额的备用金后，单位就能领取若干张信用卡了。单位卡销户时卡里的现

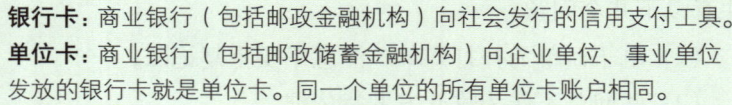

两个年轻人到同一家化工企业质监部门工作，同样表现出色，然而一年后其中一个升任为部门主管，而另外一个则调去了销售部门。

前往销售部门的年轻人不服气，前去找人事部门的"头"理论。领导说："这里有一份出纳整理的单位卡使用记录。你看，你的信用消费情形时多时少，而他的则非常规律，所以我知道他的生活规律而严谨，当然适合做质检主管，而你的生活肯定更随意，所以去销售部门更合适。"年轻人听完，惊叹着离开了。

单位卡销户的"霸王"条件

- 单位卡发放满45天
- 银行卡挂失满45天，没有更换新卡或附属卡
- 被列入止付名单，银行卡被收回45天后
- 撤销担保条件先，满45天

- 所有的透支全部还清
- 发行后两年内没有使用

- 持卡人违反银行规定
- 单位的基本存款账户撤销

金并不能取现，只能自动转入基本存款账户中。

单位卡的使用有着严格规定：一是无论公司规模有多大，单位银行卡不得用于10万元以上的结算；二是所有的单位卡不能取现也不能交存现金，必须通过基本存款账户中转。

出纳在单位卡事务上所需要做的工作是，根据规定为本单位的重要人员办理单位卡，并且定期从银行记录中下载单位卡的使用数据，记录并存档，以备单位财务清查。

专家点评

财务是企业的命脉，出纳虽然是单位的"小人物"，但只要用心，就能掌握单位里的"风吹草动"。

如何处理凭证

相对于其他财务人员,出纳所做的事更多的是关注过去。一个合格的出纳,心中装着公司的财务历史,同时抽屉里也保存着公司过去的财务记录。

根据法律规定,一般的凭证都有着固定的保存年限。

什么是凭证？

关键词：会计凭证　会计审核　原始凭证

会计凭证：能够用来证明经济业务、明确经济责任、按一定格式编制，据以登记账簿、具有法律效力的书面证明文件。
会计审核：会计对记账凭证及原始凭证的确认和签字。
原始凭证：也称为单据，是在经济业务事项发生或者完成时填写的，用来证明经济业务事项已经发生或者完成，以明确经济责任并用作记账原始依据的一种凭证。

会计凭证是指能够用来证明经济业务事项发生、明确经济责任并据以登记账簿、具有法律效力的书面证明。

一张凭证的基本内容包括：凭证种类名称、填制原始凭证的日期、接受原始凭证单位名称、经济业务内容（含数量、单价、金额等）、填制单位签章、有关人员签章、凭证附件。

经典示例

在我国周代，各地诸侯接受周王室赏赐后都会大张旗鼓地铸造礼器——主要是青铜鼎、酒樽等器物刻上铭文，写明自己在什么时间因为什么事接受的赏赐数量和意义。这可以算是最为原始的凭证，其代表物是毛公鼎。

会计凭证可以分为两大类：即原始凭证和记账凭证。

所谓原始凭证，也称为单据，是在经济业务事项发生或者完成时填写的，用来证明经济业务事项已经发生或者完成，以明确经济责任并用作记账原始依据的一种凭证。它是核定所有出纳业务的最初凭证。

记账凭证是指会计人员根据审核无误的原始凭证及有关资料，按照经济业务事项的内容和性质加以归类，并确定会计分录。作为登记整个账簿格式依据的记账凭证，因为它是原始凭证的二次登记，所以才命名为二次凭证。

在整个会计核算过程中，会计凭证是第一个关口，如果使用的凭证是虚假的或者是不合法的，那么整个会计核算就不可能是真实的。

因为凭证是所有财会核算的开始，所以凭证的效力非常重要，只有合法而且在规定时间范围内的凭证才具有效力。

会计凭证封面样式

_____凭证			
时间		年　　　月	
册数	本月共	本册是第	册
张数	本册自第　　号至第　　号共　　张		
单位：			

凭证的价值与认证中心的公信力有着密切的关系。一张凭证代表着拥有者具有的身份与能力。

原始凭证和其分类

关键词：原始凭证　累计凭证

原始凭证：在经济业务事项发生或者完成时填写的，用来证明经济业务事项已经发生或者完成，以明确经济责任并用作记账原始依据的一种凭证。

累计凭证：在一定期间内，连续多次记载若干不断重复发生的同类经济业务，直到期末才算完成的原始凭证。

所有的会计凭证出发点就是原始凭证，证明外部经济行为的是外来原始凭证，证明内部经济行为的是自制原始凭证。

自制原始凭证是指在经济业务发生、执行或完成时，由本单位的经办人员自行填制的原始凭证。自制原始凭证按其填制手续不同，又可分为一次凭证、累计凭证、汇总原始凭证、记账编制凭证和外来原始凭证五种。

经典示例

原始凭证的内容基本上有：单据名称、填制单据的日期、接受单据单位名称、经济业务内容，如数量、金额等、填制单位签章、相关人员签章、凭证附件。

（1）一次凭证。是指只反映一项经济业务，手续一次完成的凭证。

（2）累计凭证。是指在一定时期内，连续发生的同类经济业务，直到期末，凭证填制手续才算完成，以期末累计数作为记账依据的原始凭证，如常用的限额领料单等。

（3）汇总原始凭证。是指在会计核算工作中，为简化记账凭证的编制工作，将一定时期内若干份记录同类经济业务的原始凭证，按照一定的管理要求汇总编制一张汇总凭证，用以集中反映某项经济业务总括发生情况的会计凭证，如"发料凭证汇总表"。

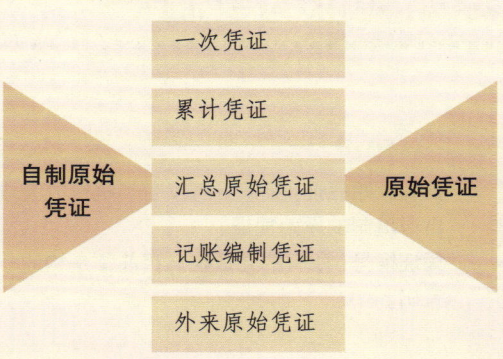

原始凭证分类

（4）记账编制凭证。是根据账簿记录和经济业务的需要编制的一种自制原始凭证。记账编制凭证是根据账簿记录，把某一项经济业务加以归类、整理而重新编制的一种会计凭证。例如在计算产品成本时，编制的"制造费用分配表"就是根据制造费用明细账记录的数字按费用的用途填制的。

（5）外来原始凭证。和别的企业发生经济关系，如企业购买材料、商品时，都会从供货单位取得的发货票，就是外来原始凭证。

专家点评

在一张汇总凭证中，不能将两类或两类以上的经济业务汇总填列，所以对中小企业极不划算，只有大型企业才会用到这种凭证。

原始凭证的填制

关键词：自制原始凭证　凭证编号

自制原始凭证：经济业务发生、执行或完成时，由本单位的经办人员自行填制的原始凭证。

凭证编号：所有的凭证在启用前都是构成一个整体，在出现时的次序号码。

在一个单位中，自制原始凭证的填制工作都是由出纳来完成的，其具体要求如下：

记录要真实。原始凭证所记载的经济业务内容和数字必须真实。出纳不可以凭空虚构凭证。

内容要完整。原始凭证所要求填列的项目必须逐项填列齐全，不得遗漏和省略。

手续要完备。单位自制的原始凭证必须有经办单位领导人或者其他指定的人员签名盖章；对外开出的原始凭证必须加盖本单位公章；从外部取得的原始凭证，必须盖有填制单位的公章；从个人取得的原始凭证，必须有填制人员的签名盖章。

书写要清楚、规范。原始凭证要按规定填写，文字要简要，字迹要清楚，易于辨认。

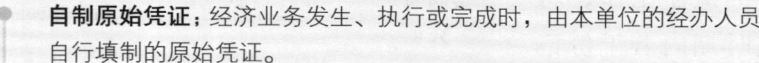

经典示例

在填制原始凭证的时候，出纳必须特别注意签名的整洁。曾经有一个出纳员签名潦草，"朱月坡"三个字以行书连笔，往往被人认为"朱肚皮"，结果消息传出，这位出纳员也非常不幸地在业内成为"猪肚皮"笑话。

第4章 如何处理凭证

编号要连续。如果原始凭证已预先印定编号，在写坏作废时，应加盖"作废"戳记，妥善保管，不得撕毁。

不得涂改、刮擦、挖补。原始凭证有错误的，应当由出具单位重开或更正，更正处应当加盖出具单位公章。原始凭证金额有错误的，应当由出具单位重开，不得在原始凭证上更正。

填制要及时。所有的凭证必须和业务同步进行。这里所要求的及时非常特殊，并不是说业务结束后填制，而是在业务发生当中进行填制。只有填制凭证并且双方签收后才意味着业务最终完成。

大小写

根据法院规定所有的金额填写必须是大写汉字，而不能用简体字或者阿拉伯数字。

壹	一	1
贰	二	2
叁	三	3
肆	四	4
伍	五	5
陆	六	6
柒	七	7
捌	八	8
玖	九	9
拾	十	10
佰	百	100
仟	千	1000
万	万	10000
亿	亿	100000000

专家点评：大额度金额后要写"整"或"正"字，如小写金额为￥1008.00，大写金额应写成"壹仟零捌元整"。

原始凭证的真假鉴别——以发票为例

关键词：发票

发票：一切单位和个人在购销商品、提供劳务或接受劳务、服务以及从事其他经营活动，所提供给对方的收付款的书面证明。

相对于现金来说，各种凭证更容易作假。开具单位不同，所以格式可能有所偏差；有些凭证不经常接触到；特殊凭证大量存在；凭证上所包含的信息量非常大……所以对初学出纳来说，学会鉴别每一种原始凭证的真假非常重要。

2012年7月8日，塘沽警方破获一起假发票案。当场在犯罪嫌疑人汽车后备箱内查扣壹佰元定额发票717本，伍拾元定额发票4本，仟元版三联发票5本，合计36375张，票面价值200余万元。

1. 借助验钞灯来鉴别发票的真假。

2. 根据票据本身的制作，鉴别其是否属国家正规特制票据。正规发票通过光线照射，里面会出现水印、特制花纹等图案。假发票则通过光线照射，则没有这些防伪标记或者防伪标记模糊不清。

3. 根据票据的印制特征进行鉴别。

4. 根据发票代码及号码进行审验。新版普通发票右上角有两排

假发票

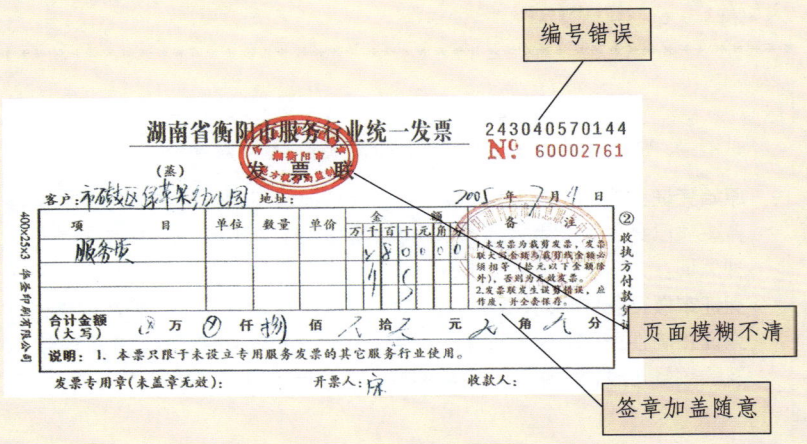

数字，上面一排是发票代码，下面一排是发票号码。发票代码以12位数码表示，第1位代码表示发票所属机构代码，即0为总局，1为国税局，2为地税局；第2至5代码是表示行政区域统一代码，以全国行政区域统一代码为准，如：河南省行政区域代码是4100，郑州市4101，开封市4102，许昌市4110；第6、7位表示年份代码；第8位代码表示所属行业代码；第9、10、11位代码表示所属行业具体排序码；第12位代码表示为"票号循环码"。发票号码以8位数码表示，为每一种发票在每年度中的排序。

假发票最容易出现在诈骗案和小金额贪污案中。

原始凭证的审核

关键词:原始凭证 凭证审核 凭证正确性

原始凭证:在经济业务事项发生或者完成时填写的,用来证明经济业务事项已经发生或者完成,以明确经济责任并用作记账原始依据的一种凭证。

凭证审核:出纳对会计凭证的合法性、真实性、严谨性加以确认的流程。

凭证正确性:确定有业务内容摘要与数量、金额不相对应,业务所涉及的数量与单价的乘积与金额不符,金额合计错误等情况。

辨识出假票据是出纳人员的基本功,而一个资深出纳则对任何一张凭证的可信度应该可以瞬间确认,并且在仔细审核后,可以写出完整的审核意见。出纳对原始凭证的审核,主要是确定其合法性、真实性、完整性和正确性。

经典示例

现在我们去查看当年颐和园修建的会计凭证,就会发现很多奇怪的现象:一个鸡蛋约当价值400元,一根木头约当价值30000元,一个民夫的工资每天约当300元——民夫当时是无偿的。可以说,因为没有会计监察制度,当时的凭证都是没有审核——这为腐败提供了巨大的空间。

审核所发生的经济业务是否符合国家有关规定的要求,是否有违反财经制度的现象;原始凭证中所列的经济业务事项是否真实,有无弄虚作假情况。如在审核原始凭证中发现有多计或少计收入、费用,擅自扩大开支范围等情况,应拒绝办理,并向单位

凭证审核流程

负责人报告。

审核原始凭证的合理性。审核凭证上所发生的经济业务是否符合厉行节约、反对浪费、有利于提高经济效益的原则。千万不能出现一根针价值几十元的特殊项目。

审核原始凭证的完整性。审核原始凭证是否具备基本内容，是否有应填未填或填写不清楚的现象。不完整的凭证在登记时要另外备注。

审核原始凭证的正确性。审核原始凭证在计算方面是否存在失误。

审核经济业务内容，看是否符合财务制度、法律法规和费用开支标准。

↓

审"抬头"，看是否与本单位名称（报账人姓名）相符。

↓

审"填制日期"，看是否与报账日期相近。

↓

审"用途"，看是否与"发票"或"收据"相关联。

↓

审"财务签章"，看是否与原始凭证企业或单位名称相符。

↓

审"金额"，看计算是否正确、完整。

↓

审"大、小写"，看大、小写是否一致。

↓

审"脸面"，看有无涂改、刮擦、纸贴现象。

专家点评

凭证审核越严格，所能够造成的财务漏洞就越少。

票据签章和背书

关键词：背书　签章

背书： 票据的收款人或持有人在转让票据时，在票据背面签章并作必要的记载，所作的一种附属票据行为。
签章： 签字盖章的合称，当事人的姓名或单位名上加盖印章。

法律规定：票据背书转让时，必须由背书人在票据背面签章、填写被背书人名称和背书日期。背书未记载日期的，视为在票据到期日前背书。

在实际操作中，背书错误主要出现在一下几个环节：

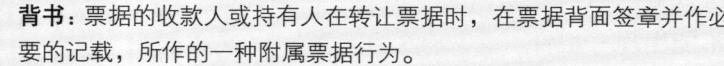

在我国，王、刘等姓都是大姓，如果这些大姓的人担任出纳尤其需要注意，必须把名字全称写上。曾经一个单位有好几个出纳，都姓王，他们在背书的时候都只填写自己的姓，结果其中有一个出纳辞职，并且其工作出现了问题，领导问责时，当然是所有姓王的出纳都一起倒霉。

（1）首先是单位签章错误。一个单位有好几个公章，如"营业用章"、"工程专用章"甚至"发票专用章"，背书时必须根据票据性质加盖不同的公章。

（2）其次是银行签章错误。银行承兑商业汇票、办理商业汇票转贴现、再贴现时的签章，应为经中国人民银行批准使用的该银行汇票专用章加其法定代表人或其授权经办人的签名或者签章。

（3）办理商业汇票贴现后，到期前贴现行通过寄委托收款函到承兑行收款，本应加盖结算专用章，而误盖财务专用章或公章、业务公章。

（4）已背书转让的票据，背书应当连续。

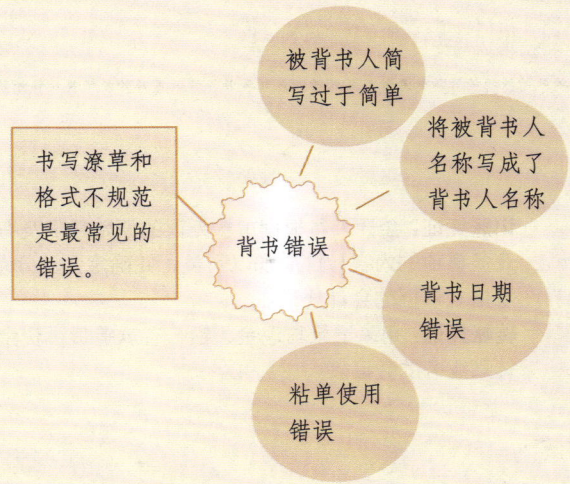

背书连续，是指票据第一次背书转让的背书人是票据上记载的收款人，前次背书转让的被背书人是后一次背书转让的背书人，依次前后衔接，最后一次背书转让的被背书人是票据的最后持票人。

（5）背书时，出纳必须以蓝色、黑色的墨水笔或者钢笔来填写。

（6）不可以行书或者草书来做背书，必须用正楷或者新宋体字书写。

粘单上的第一记载人，应当在汇票和粘单的粘接处签章。时常出现不是粘单上的第一记载人签章，而是粘单上第一记载人的前手在签章，造成票据背书不连续的现象。

记账凭证的分类

关键词：记账凭证　转账凭证

记账凭证： 会计人员根据审核无误的原始凭证及有关资料，按照经济业务事项的内容和性质加以归类，并确定会计分录，作为登记整个账簿格式依据的会计凭证。

转账凭证： 用来记录与现金、银行存款等货币资金收付款业务无关的转账业务的凭证。

记账凭证按其适用的经济业务，分为专用记账凭证和通用记账凭证两大类：

专用记账凭证，是用来专门记录某一类经济业务的记账凭证，可以分为收款凭证、付款凭证和转账凭证三种。

（1）收款凭证。收款凭证是用来记录现金和银行存款等货币资金收款业务的凭证，它是根据现金和银行存款收款业务的原始凭证填制的。

（2）付款凭证。付款凭证是用来记录现金和银行存款等货币资金付款业务的凭证，它是根据现金和银行存款付款业务的原始凭证填制的。

> **经典示例**
>
> 在五六十年前，我国有大量的文盲存在，所以那时人们在给出记账凭证的时候，往往不会签名，只是通过按手印解决。然而，在没有指纹追踪的年代，手印并不是特别好辨认，所以在改革开放初期，出现了老板和会计、出纳联手，利用手印冒领工资的现象。

（3）转账凭证。转账凭证是用来记录与现金、银行存款等货币资金收付款业务无关的转账业务的凭证，是根据有关转账业务的原始凭证填制的。

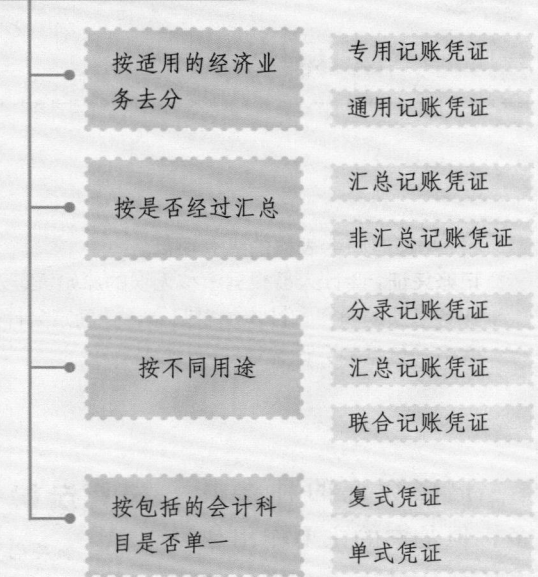

通用记账凭证，不区分为收款凭证、付款凭证和转账凭证，是以一种相同格式记录全部经济业务的凭证。

在经济业务比较简单的经济单位，为了简化凭证，可以使用通用记账凭证，记录所发生的各种经济业务。

最简单的记账凭证必须有的因素是时间、编号、签章和事由。如果是经常性地进行同一项事务，就连事由都可以预先打印，空出数字等变动项的位置。

专家点评　　单式记账凭证是最早诞生的记账凭证，便于汇总计算每一个会计科目的发生额，便于分工记账；但是填制记账凭证的工作量变大，而且出现差错不易查找。

记账凭证的填制

关键词：科目　记账凭证

科目：所有财会表格的纵列项目。
记账凭证：会计人员根据审核无误的原始凭证及有关资料，按照经济业务事项的内容和性质加以归类，并确定会计分录，作为登记整个账簿格式依据的会计凭证。

记账凭证的种类很多，但是它的主要作用是对原始凭证进行分类、整理，并按照复式记账的要求，运用会计科目，并且编制会计分录，以此登记在账簿上。所以，记账凭证具有以下几个基本内容：记账凭证的名称；填制记账凭证的日期；记账凭证的编号；经济业务事项的内容；经济业务事项所包含的会计科目及其记账方向；经济业务事项的金额；记账标记；所附原始凭证张数；出纳、会计主管、记账等相关人员的签章。

经典示例

如果已登记记账凭证，在当年发现填写错误时，应该用红字填写一张内容和原来一样的记账凭证，并在摘要栏注明"注销某月某日某号凭证"字样。与此同时，还要用蓝色的笔重新填制一张正确记账凭证，并注明"订正某月某日某号凭证"字样。倘若会计科目没有出错，只是金额出错，可以将正确数字与错误数字之间的差额，编制成另一张调整的记账凭证。其中，调增金额用蓝字、调减金额用红字。如果发现之前年度记账凭证有错，应该用蓝色笔重新填制一张更正的记账凭证。

在编制记账凭证的过程中,要注意以下要点:凭证的各项内容一定要完整。记账凭证应连续编号。如果一笔经济业务需要在两张以上记账凭证上填制,可以采用分数编号法编号。填写记账凭证时,字迹要清楚、规范,其相关要求和原始凭证一样。填制记账凭证时,可以根据一张原始凭证填制,或是很多张同种原始凭证汇编,也可根据原始凭证汇总表填制。但不能把不同内容和种类的原始凭证,汇编在一张记账凭证上。除了结账和更正错误的记账凭证可以不附原始凭证之外,其他记账凭证一定要附有原始凭证。

编制凭证的要求

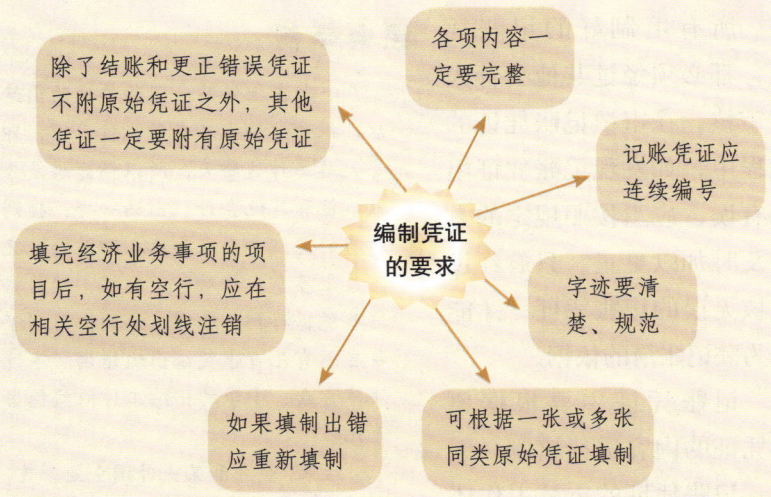

专家点评 记账凭证上的经济业务事项的项目填制完之后,如有空行,应该在金额栏的最后一笔金额数字下的空行处,到合计数上的空行处划斜线注销。

记账凭证的审核

关键词：审核 记账凭证

审核：出纳对会计凭证的合法性、真实性、严谨性加以确认的流程。

记账凭证：会计人员根据审核无误的原始凭证及有关资料，按照经济业务事项的内容和性质加以归类，并确定会计分录，作为登记整个账簿格式依据的会计凭证。

所有填制好的记账凭证，都必须经过其他会计人员审核。在审核记账凭证的过程中，如发现记账凭证填制有误，应当按照规定的方法及时加以更正。只有经过审核无误的记账凭证，才能作为登记账簿的依据。

记账凭证主要根据原始凭证的内容进行填制，因此，记账凭证的审核工作还应该包括对原始凭证进行复核。审核记账凭证，主要包括以下几个内容：

审核记账凭证的合规性：审核记账凭证所附的原

经典示例

小李在担任某一国营单位的出纳后，很快沾染上不良的工作习惯，即每天边工作边聊天，所以精力总是分散。他和其他会计、出纳一样，接到所有的凭证，会在和他人聊天的情况下盖上签章，核对一下数据，然后将这些凭据存档。这样，他们公司到了年底总有几百张凭证出现错误。不过法不责众，小李的出纳工作依然稳当无比。

后来，企业和某一外国企业合作，单位进驻了一位外籍财务主管。在这位主管领导下，工作风气一下子扭转，小李也感受到了巨大的工作压力，如果出现了一点差错，经手人员就需要按照十倍接受惩罚。到此时，小李才真正对每一张凭证反复审核。

始凭证是否齐全，填写的会计科目内容是否符合相关制度规定，数值金额是否统一无误等。

审核记账凭证的正确性：审核记账凭证所记录的内容是否符合原始凭证所反映的业务状况和内容，借贷账户对应关系是否清楚明晰、数值金额是否核算正确等。

审核记账凭证的完整性：审核凭证手续是否完整，相关签章和数据填写是否齐全，业务内容、摘要、日期、编号是否填写清楚。

记账凭证审核

记账凭证是否附有原始凭证	应借应贷的会计科目是否清楚	凭证中各项是否完整

记账凭证审核

是否按已审核无误的原始凭证填制记账凭证	所列会计科目（包括一级科目、明细科目）、借贷方向和金额是否正确	查明原因，责令更正、补充或重填

专家点评

只有经过审核无误的记账凭证，才能据以登记账簿。一旦登记，所有责任就由登记的出纳承担。

凭证的装订

关键词：凭证装订　原始凭证　装订

凭证装订：依照固定的方法，将所有的同类凭证整理后装订成册。

原始凭证：在经济业务事项发生或者完成时填写的，用来证明经济业务事项已经发生或者完成，以明确经济责任并用作记账原始依据的一种凭证。

装订：将印好的书页、书帖加工成册，或把单据、票据等整理配套，订成册本等印后加工。

凭证的装订和整理是出纳最基本的日常工作内容，凭证是统计公司或企业一段时间内财政状况的重要资料，因此凭证的装订和整理工作决不能草率。

装订方法的种类很多，从方向上来说，有左边装订线处装订法；有左上角包角装订法。左上角包角装订法做起来比较美观，但也比较麻烦，如何去做就取决于各位工作者的耐心了。有夹塞法，即在左边装订处夹塞，可用纸折叠做塞，这样，不容易发生脱页现象。

当原始凭证大过记账凭证时，大多数人的做法是先折叠左边的

经典示例

牛皮纸是账务封面的最好材料，也是我国自古以来的账务封面材料。不过，古代的牛皮纸不是牛皮，而是经过特殊处理的桑树皮，现代的牛皮纸也不是牛皮，而是采用未漂的硫盐针叶木浆为原料生产的纸。这种纸具有很高的拉力，不容易损坏，木质纤维长。现今，装订账簿的首选材料就是牛皮纸。

凭证装订步骤

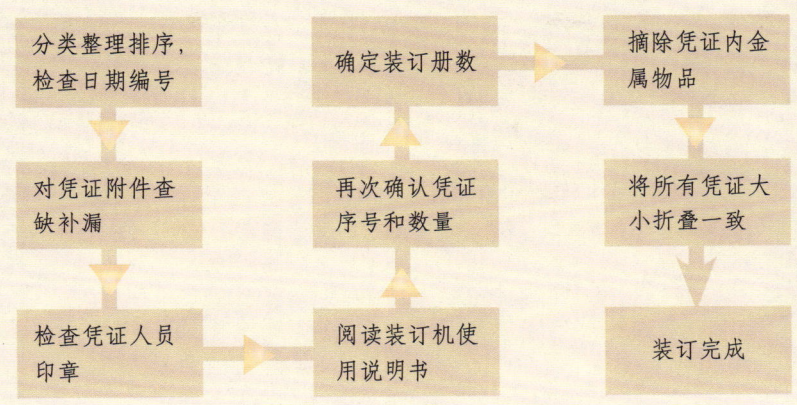

角，再向里面折叠。这样折叠后折叠的角在下面，在查阅时要先拉开折叠的部分，再拉开折叠处的左边边角。现在推荐的方法只不过是将折叠的顺序反一下而已：即先向里折叠后，再折叠左边的角。这样折叠后折叠的角在上面。别看只是顺序的一转换，但在查阅时，只需拉住上面的角一拉，即可全部拉开。

出纳在装订凭证的时候必须注意到，要将科目汇总表及T型账户表装订进去，这样便于快速查找某笔凭证。虽然现在普及了电算化，科目汇总表还是应装订进去，起码不看账就能知道当月的发生额。

在装订完成后，每册封面上填写好起止日期、每册页数，要有会计人员和装订人员的签字盖章。

复式记账法

　　账务是最容易出现漏洞的地方,也是最容易出现舞弊的地方,所以从出现记账开始,人们就对记账方法深入研究,希望能找到不让人钻空子的记账方法。然而道高一尺,魔高一丈,所有的记账方法都是有破绽的。

记账方法的分类

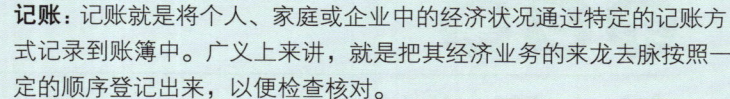

关键词：记账　账簿

记账：记账就是将个人、家庭或企业中的经济状况通过特定的记账方式记录到账簿中。广义上来讲，就是把其经济业务的来龙去脉按照一定的顺序登记出来，以便检查核对。

账簿：由具有一定格式而又互相联系的账页所组成，用以全面、系统、连续记录各项经济业务的簿籍。

记账方法是根据单位所发生的经济业务（或会计事项），采用特定的记账符号并运用一定的记账原理（程序和方法），在账簿中进行登记的方法。

由于企业记录经济进出状况的方式各不相同，又将记账方法分为两类，即单式记账法和复式记账法，其中复式记账法由借贷记账法、增减记账法和收付记账法构成。目前，世界上通用的记账方法就是复式记账法中的借贷记账法，而收付记账法与增减记账法都是由单式记账法逐步发展、演变而来的。

单式记账法是指企业对自身的经济状况仅仅采用单账户的记录方法，也就是需要什么资料便记录什么资料，账户之间不存在任何

经典示例

复式记账方法有多种，如借贷记账法、增减记账法和收付记账法。其中收付记账法又分为现金收付记账法和资金收付记账法等。例如，我国预算会计曾经长期采用收付记账法，从1998年起，预算会计全部改为借贷记账法。

联系，彼此独立，也没有相互对应平衡的概念。这种单账户的记录方式虽然简单

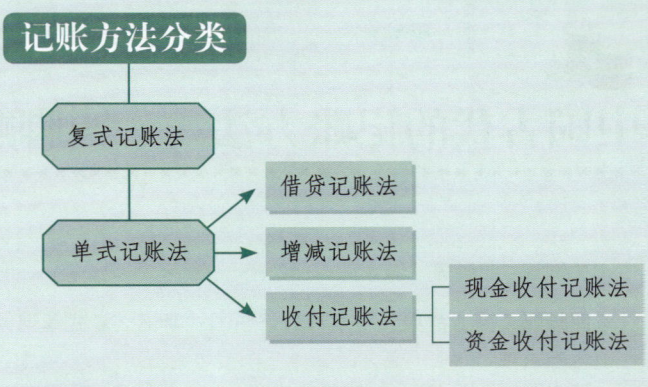

方便，但是不能保证记录的完整性，通常可用于记录实物，或者记录现金、银行存款收付和债权债务结算业务。

单式记账法逐步发展、演变，出现了复式记账法，它对企业所发生的经济业务，以同样的金额分别记录在两个或多个相互联系账户中。

登记账簿的间隔时间应该多长，没有统一的规定，这要看本单位所采用的具体会计核算形式而定。总的来说是越短越好。一般情况下，总账可以三五天登记一次；明细账的登记时间间隔要短于总账，日记账和债权债务明细账一般一天就要登记一次。现金、银行存款日记账，应根据收、付款记账凭证，随时按照业务发生顺序逐笔登记，每日终了应结出余额。经管现金和银行存款日记账的专门人员，必须每日掌握银行存款和现金的实有数，谨防开出空头支票和影响经营活动的正常用款。

采用单式的记账方法只能反映出企业经济状况的一个侧面，由于会计记录之间没有什么相互对应平衡的勾稽关系，所以无法全面地反映出企业经济状况。

中国古代的记账方法——四脚账

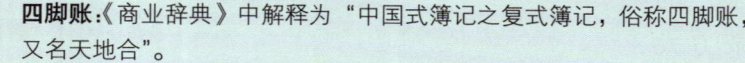

关键词：四脚账　流水账

四脚账：《商业辞典》中解释为"中国式簿记之复式簿记，俗称四脚账，又名天地合"。
流水账：每天记载金钱或货物出入的，不分科目、项目进行入账的方法。

"四脚账"是我国清代产生的一种比较成熟的记账方法。

"四脚账"的整个账簿组织是由三个部分组成的，它有着证、账、表三结合、总括核算与明细核算相结合、盈亏计算和账务平齐相互分立而比照的特点。

流水账是整个账簿组织的基础，分为草流和细流两个部分。草流是最原始的会计记录，它在这个账簿组织中依然起原始凭证的作用，其性质与西式簿记的备忘录大致相同。细流是按照草流整理转记的序时日记账。根据业务经营的需要，在"四脚账"中又将其分割为以下三种账簿：

经典示例

我国古代将财务活动划分为现金交易和债权、债务交易两大类。针对每一类经济活动，会计的复式记录都必须同时反映资金的来源和资金的去向两个方面的内容。现金流入、现金流出、债权流入、债务支出，就构成了支撑整个复式记账法的四根支柱，古人把这个四个方面形象地称之为"四脚"，"四脚账"因之得名。

（1）日清簿。为普通序时日记账，其性质相当于西式簿记的一般日记账，是归类登记总簿的一个依据。

（2）银清簿。此簿专门用于登记现金收付事项，通过定期结算现金账面余额并与现金盘存实际金额相核对，达到管理现金的目的。性质与西式簿记现金日记账相同。

（3）货清簿（俗称为"采货簿"与"兑货簿"），分别反映各类商品购进与销售事项。进货簿主要用于已销商品成本的计算与结转，而销货簿则主要用于计算各大类商品的销售毛利。

四脚账的账簿组织

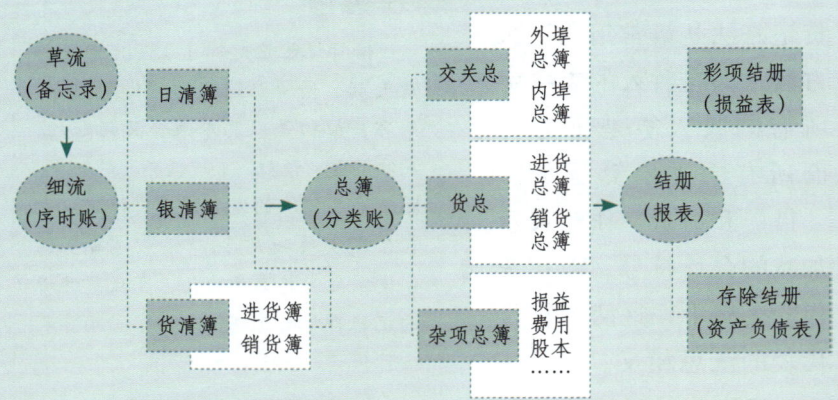

专家点评

我国古代账房是一个专业性极强的行业，往往由一些落第文人来担任。

借贷记账法

关键词：借　贷　借贷记账法

借：在所有者权益、利润表中代表增加，在费用、支出表中代表减少。
贷：在费用、支出表中代表增加，在所有者权益、利润表中代表减少。
借贷记账法：所有项目在不同的表格中分别归入借方和贷方的记账方法。

在所有的账簿中，借贷记账法是最常用的记账方法，即在收入的表格中所有的收入算是借方，而所有的支出算是贷。"借"和"贷"作为表示加减的会计符号。而在费用的表格中，这两个符号代表的意思相反。

记账符号反映的是各种经济业务数量的增加和减少。

经典示例

借贷记账法起源于13~14世纪的意大利。借贷记账法的"借"、"贷"两字，最初是以其本来含义记账的，反映的是"债权"和"债务"的关系。随着商品经济的发展，借贷记账法也在不断发展和完善，"借"、"贷"两字逐渐失去其本来含义，变成了纯粹的记账符号。其创造者卢卡·帕乔利被称为"近代会计之父"。

（一）"借"和"贷"是抽象的记账符号

借贷记账法是以"借"和"贷"作为记账符号，用以指明记账的增减方向、账户之间的对应关系和账户余额的性质等。而与这两个文字的字义及其在会计史上的最初含义无关，不可望文生义。

"借"和"贷"是会计的专门术语,并已经成为通用的国际商业语言。

(二)"借"和"贷"所表示的增减含义 "借"和"贷"作为记账符号,都具有增加和减少的双重含义。"借"和"贷"何时为增加、何时为减少,必须结合账户的具体性质才能准确说明。资产类、费用类是"借"增"贷"减,负债类,所有者权益类、收入类是"借"减"贷"增。根据会计等式"资产+费用=负债+所有者权益+收入"可知,"借"和"贷"这两个记账符号对会计等式两方的会计要素规定了增减相反的含义。

借贷记账法中的分类

各类账户的结构

借方	账户名称(会计科目)	贷方
资产的增加		资产的减少
负债的减少		负债的增加
所有者权益的减少		所有者权益的增加
收入的减少		收入的增加
费用支出的增加		费用支出的减少
成本的增加		成本的减少

专家点评

1494年,意大利数学家卢卡·帕乔利的《算术、几何、比与比例概要》一书问世,标志着借贷记账法正式诞生。

复式记账法的诞生

关键词：复式记账法　意大利

复式记账法：将所有科目归入借贷两项，以"+""-"号表示资金进出的记账方法。

意大利：在财会学中，意大利有特殊的意义，因为其处于东西方商路的中转地区，所以商业发达，是近代会计学的发源地。

复式记账法共经历了三个不同的发展阶段，即佛罗伦萨式、热那亚式和威尼斯式。

13世纪10年代初，意大利中部的佛罗伦萨城中的银行家开始使用簿记的记账方式，这便是复式记账法的萌芽期。目前，在佛罗伦萨的梅迪奇拉·乌莱芝纳图书馆，还保存着这种最古老的会计账簿。

经典示例

1494年，意大利教士卢卡·帕奇欧里在总结了阿拉伯与意大利商人的记账方式之后，在热那亚公布了他发明的复式记账法。当然，卢卡·帕奇欧里并非是传统意义上的发明者，复式记账法大约经历了三个世纪的发展，才成为如今世界通用的账簿记录方法。

14世纪40年代，公认的世界上最早具备复式记账特征的会计记录在意大利最大的商港热那亚诞生。这个时期被称之为复式记账法的改良期，以热那亚市政厅的总账为代表，这本账簿现藏于热那亚古文化馆。15世纪90年代，意大利会计之父卢卡·帕乔利所著的《算术、几何、比及比例概要》正式出版，书中所记录的复式记账

复式记账法的发展

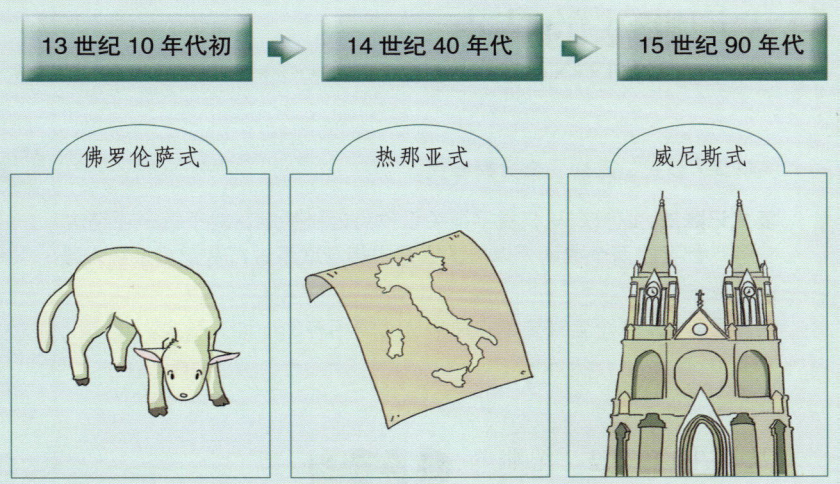

法的优点得到了世人认可。直到19世纪50年代,世界上第一个会计职业团体在爱丁堡建立,爱丁堡会计注册协会的诞生标志着从此会计已正式成为一门独立的职业。这段时期的发展使复式记账法逐渐趋于完善。其主要特点如下:

(1)记账方法采用复式记账方式;

(2)记账对象除了债权债务人(人名账户)、商品与现金(物名账户)之外,还包括损益与资本(损益账户与资本账户);

(3)记录形式采用账户式。

专家点评 复式记账法从萌芽期到趋于完善,大约经历了300年的历史,直到现在,其发展还未停止。

复式记账法的特点

关键词：复式记账法　会计恒等式

复式记账法：以资产与权益平衡关系作为记账基础，对于每一项经济业务，都要在两个或两个以上的账户中相互联系进行登记，系统入账的记账方法。

会计恒等式：各个会计要素在总额上必须相等的一种关系式。

从诞生之日起，记账方法采用转账的方式、记账对象仅限于债权债务人（人名账户）、记录形式采用叙述式（借贷上下连续登记）这三点就是复式记账法的特征，发展到今天，复式记账方法的特点更鲜明，其对于发生的每一项经济业务都要以相等的金额同时在相互联系的两个或两个以上的账户中进行登记的一种记账方法。

会计学中把报表各项目、科目之间相互相对应的概念称之为汇集恒等式，也是复式记账法的原理依据，即资产＝权益。由于这一公式在数量上是恒等的，所以又称为会计平衡公式、会计等式或会计方程式。其中最常见的是：资产＝负债＋所有者权益。

复式记账法是一种相对比较完善的记账方法，国际通用。它的主要特点就是对经济业务的来龙去脉进行双重记录，全面记录经济业务的过程和结果，并对各账户的记录结果进行试算平衡来检查和验证。

复式记账法较好地体现了资金运动的内在规律，系统地反映了

会计恒等式案例

资产				负债		所有者权益
现金	备用品		土地	应收账款		负债
5000			20000			25000
金额	+	+		=	+	
	+1350			+1350		
余额 5000	1350		20000	1350		25000

资金的增减变动及经营成果的来龙去脉。采用复式记账法，能够在两个方面的账户之间形成一种数字上的对应平衡关系，可以完整、全面地了解各项经济业务的全貌，并可根据会计要素之间的内在联系和试算平衡，确保账簿的准确性。

与单式记账法相比，复式记账法具有以下特点：

（1）由于对于发生的每一项经济业务，都要在两个或两个以上相互联系的账户中同时登记。因此，通过账户记录不仅可以全面、清晰地反映出经济业务的来龙去脉，而且还能通过会计要素的增减变动，全面、系统地反映经济活动的过程和结果。

（2）由于每项经济业务发生后，都要以相等的金额在有关账户中进行登记，因此，可以对账户记录的结果进行试算平衡，以检查账户记录是否正确。

目前，国际通用会计条例上标明以复式记账法中的借贷记账法为通行法则。

复式记账法的缺点

关键词：复式记账法　平衡

复式记账法：见102页。
平衡：真实的账务中，所有的财务报表之间是平衡的，也就是说任何一项支出在其他报表上都可以表现出意义来。

复式记账法的缺点所在就是它的优点所在，也就是说复式记账法因为平衡性和系统性，造成其账面非常复杂，而且试算平衡也让复式记账非常繁琐。

所谓试算平衡，是指根据"资产=负债+所有者权益"的平衡原理，按照记账规则的要求，通过汇总、计算和比较，来检查会计账户处理和账簿记录的正确性、完整性的一种方法。

试算平衡的基本公式是：①全部账户的借方期初余额合计数等于全部账户的贷方期初余额合计数；②全部账户的借方发生额合计等于全部账户的贷方发生额合计；③全部账户的借方期末余额合计

经典示例

企业从银行借入资金4000元，归还以前所欠的应付账款。企业从银行借入资金4000元，也就是说企业的短期借款项目增加了4000元，与之相对应的应付账款这一项目减少了4000元。因此，在账簿中登记的时候，应该在短期借款这一项目账户的贷方和应付账款这一项目账户的借方分别记下4000元以达到试算平衡。

试算平衡

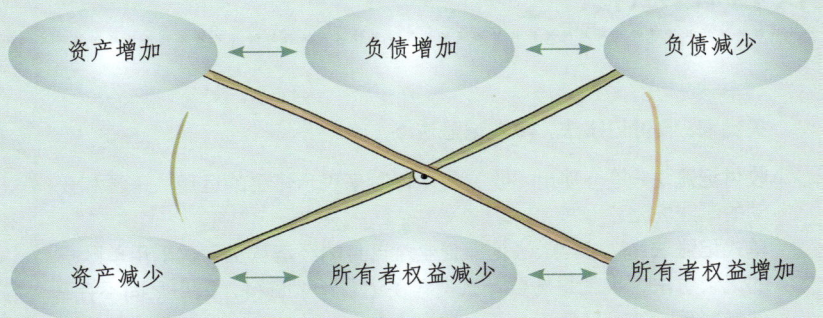

等于全部账户的贷方期末余额合计。

对出纳来说,试算平衡并不意味着日常账户记录完全正确,因为有些账户记录的错误很难从试算平衡表中发现。这些错误包括:

(1) 借贷双方发生同等金额的记录错误;

(2) 全部漏记或重复记录同一项经济业务;

(3) 账户记录发生借贷方向错误;

(4) 用错有关账户名称。

最后,需要指出的一点是,复式记账法如果某一项数据错误,就需要改动其他项目,而不是像单式记账法那样只需要变动总计项即可。

相对于单式记账法,复式记账法非常的复杂。如果不是专业人士,建议不采用复式记账法记账。

收付记账法

关键词：收付记账法　单式记账法

收付记账法：是一种用"收"和"付"来表示资金的运用、来源和变动的记账方法。

单式记账法：单式记账法是指企业对自身的经济状况仅仅采用单账户的记录方法，也就是需要什么资料便记录什么资料，账户之间不存在任何联系，彼此独立。

对出纳初学者来说，最容易入手的记账方法是收付记账法。它分为两大类：钱物收付记账法与资金收付记账法。

钱物收付记账法也就是记录经济业务时以钱和物为中心，此方法在我国广大农村地区使用甚广，其主要特点是：

经典示例

2012年1月，在全国银行会计出纳工作会议上，提出废除借贷记账法，采用收付记账法后，各分行都在辖内组织了试点。从那时开始，收付记账法成为了一统会计界的"霸主"。

1. 实际操作中，会计科目分为"钱物类"和"收付类"。"钱物类"指的是现金、存款、固定资产和粮食等。"收付类"又分为收入类和付出类，收入类指的是农业收入、副业收入、其他收入、公积金、公益金和暂收款；付出类指的是农业支出、副业支出、其他支出、管理费、待摊费用、基建投资和暂付款等。

2.钱物收付记账法以"两类科目,同收同付;同类科目,有收有付"为规则。例如,农民在购买化肥时可以记下:收:化肥XX袋,付:存款XX元。

3.检验钱物收付记账法正确性的原则是:收入-付出=结存。

资金收付记账法 该记账方法以预算资金和预算外资金的收付为中心,在我国主要用于行政事业单位。其会计科目分为资金来源类、资金运用类和资金结存类三类。资金来源类是指固定资产基金、拨入经费和预算外收入等;资金运用类指的是经费支出和拨出、预算外支出等;资金结存类包括现金结存、经费材料结存、固定资产结存和其他结存等。

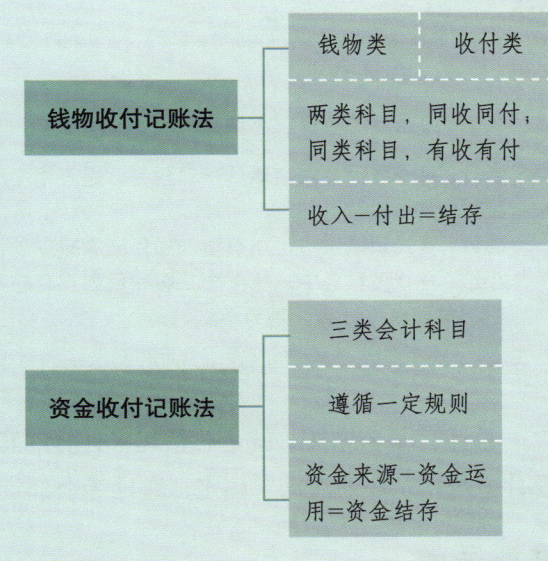

专家点评：收付记账法既可以结合试算平衡,成为复式记账法,也可以简单地处理为单式记账。

总 计

关键词：合计　总计　小结

合计：每一张财会表格最后一项科目，是表格中所有数据综合的最终结果。
总计：复式记账法中，所有增加项目或者减少项目的合计。
小结：在众多科目中，每一个二级科目如果存在下级的三级科目，最后都需要统一计算，是为小结。

总计，顾名思义，就是总括起来计算的意思。在复式记账上的总计就是指企业的流动、固定、递延等全部资产的总的合计。

经典示例

顾某与他人合资开了一家蛋糕房，烘焙的芝士蛋糕非常有名，蛋糕房盈利不少。但是，两个合作人没有一个是懂会计的，他们觉得只要在日常业务记录中采用复式记账法就行了。于是，他们两个就设计了一个记录蛋糕房收入和支出的账簿。下面便是蛋糕房上个月所发生的交易情况：

1. 收到顾客定单，商品发出后，收到现金1000元。
2. 发出定单，定购价值500元的商品。
3. 商品被顾客接收，收到现金1000元。
4. 收到所定购商品，支付现金500元。
5. 向银行支付临时借款的利息400元。
6. 赊购价值6 000元的设备。

总计如下：资产增加6600元（1000+500-500-400+6000），负债增加6000元，所有者权益没有发生变化，收入增加1000元，费用增加400元，所以利润增加600元（1000元-400元）。

有些人对合计与总计的区别与联系不是很理解。虽然二者只是一字之差，但是所代表的含义却各不相同。不管是合计还是总计，二者都是根据统计表的性质和需要来确定的，通常单式的统计表中会用合计。例如，股东权益合计这一项不包含流动负债和非流动负债，只是股东权益内部实收资本、未分配利润等几个项目的合计而已。

在复式的统计表中，合计与总计是并存的，而且在同一张表中，合计的数值要与总计的数值相等，这种方式是为了保证结果的正确性。例如，在资产负债表中，资产总计在左边，负债的合计与所有者权益的合计，两者相加之后才是负债与所有者权益的总计，所处负债表的右边。

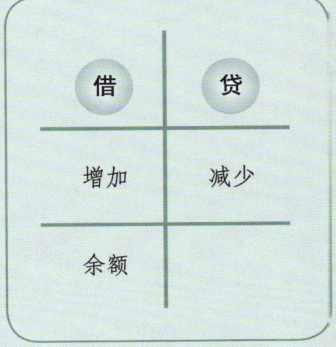

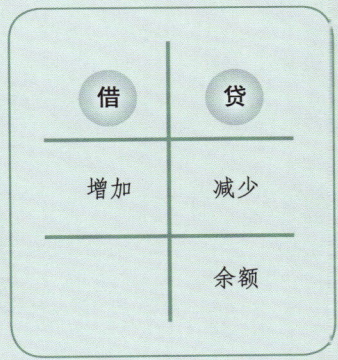

专家点评：相比于其他科目，总计项一旦出现小差错，意味着资金大小和财务漏洞就非同小可了。

第 6 章
如何管理现金

现金是随时可以投入市场的交换媒介。现金有着普遍的可接受性,可以有效地立即用来购买商品、货物、劳务或偿还债务。它是企业中流通性最强的资产。可由企业任意支配使用的纸币、硬币。现金是我国企业会计中的一个总账账户,在资产负债表中并入货币资金,列作流动资产,但具有专门用途的现金只能作为基金或投资项目、列为非流动资产。

在企业会计中,出纳应该按照国家对现金制度的管理规定对现金进行收支、登记、管理。

国家规定的现金管理制度

关键词：库存现金　库存现金限额

库存现金： 由单位出纳人员保管，为了满足经营过程中零星支付需要而保留的现金。

库存现金限额： 依照国家规定，除了一些零星支付的现金外，其余所有的资金往来都必须通过银行进行，此时，零星支付的现金存在最高额度。

库存现金限额，指的是为了保证各单位日常运营的需要，按照会计法规定，允许留存现金最高数额。这个最高数额由开户单位的实际需要和单位离开户行远近核定：一般是满足单位3～5天的零星开支；根据实际情况，时间可以放宽，但是最高不得超过15天。

企业有好几个账户的，库存现金限额由基本户所在银行核定。

附属于上级单位的企业，本身在银行中没有独立账户，所以

经典示例

在影视作品中，经常有一些罪犯去打劫银行，其实这是一种特别愚蠢的行为。因为有库存现金限额的存在，而且银行属于企业单位——人民银行除外，估计也没有人敢去打劫人民银行——它们每天都要进行结存，多余的现金会移动到上级单位。一个基层普通的银行每天的进出额度也就是100万左右。

很显然，打劫银行是不合算的：成本风险无限，而利润最高也就100万左右。

无须核算库存现金限额,其限额包括在上级单位的库存现金限额之内。

商业企业的零售门市部需要保留找零备用金,其限额可根据业务经营需要核定,但不包括在单位库存现金限额之内。

如果库存现金限额已经制定,企业就应该严格遵守,出纳必须核实每天的现金结存数,超过限额则需要存入银行,现金不足则需要向银行申报,提取现金。

每年的开始,出纳需要根据单位的生产和业务发展,重新计算库存现金限额,向开户银行提出限额变动申请。获得批准后,企业就可以在新的库存现金限额中行事了。

现金持有的动机

动机	含义	影响因素
交易性需求	为了维持日常周转及正常商业活动所需持有的现金额	(1) 收入和支出数额是否相等 (2) 收入和支出时间是否匹配
预防性需求	为应付突发事件而持有的现金	(1) 企业愿冒缺少现金风险的程度 (2) 企业预测现金收支可靠的程度 (3) 企业临时融资的能力
投机性需求	为了抓住突然出现的获利机会而持有的现金	预计的突然出现的获利机会的多少

专家点评

企业出纳可以自己计算出公司的库存现金限额,计算公式为库存现金=前一个月的平均每天支付的数额(不含每月平均工资数额)×限定天数。

库存现金限额申请

关键词：库存现金限额

库存现金限额：依照国家规定，除了一些零星支付的现金外，其余所有的资金往来都必须通过银行进行，此时，零星支付的库存现金最高额度就是库存现金限额。

现金管理条例：1988年9月8日中华人民共和国国务院令第12号发布的，根据2011年1月8日《国务院关于废止和修改部分行政法规的决定》修订的现金管理暂行法规。

库存现金限额经银行核定批准后，开户单位应当严格遵守，每日现金的结存数不得超过核定的限额。如库存现金不足限额时，可向银行提取现金，不得在未经开户银行准许的情况下坐支现金。

经典示例

我国目前多套、多版人民币混用，旧版币难以成捆上缴，加大了库存。再者，这几年人民银行加大力度推行硬币使用，不准上缴硬币，使硬币库存逐月上升。再加上银行改革，大量裁员的影响，很多客户都反映在银行等候时间过长——企业在处理库存现金时，增加了银行的工作量。

库存现金限额一般每年核定一次，单位因生产和业务发生、变化需要增加或减少库存限额时，可向开户银行提出申请，经批准后，方可进行调整，单位不得擅自超出核定限额增加库存现金——公司所在地区派出所和银行会定期联合检查库存现金数量。一般来说，小型企业不得超过20000元，中型企业不得超过100000元，零售行业除外。

当出纳人员发现核定的库存现金限额往往不足，给出纳工作带来困扰后，应向单位负责人提交申请，向银行申请重新核定库存现金限额。

新任出纳在接手工作时，就必须明确本单位的库存现金限额，然后核实实际现金结存数。

库存现金限额调整

1 单位和银行协商核定库存现金限额

库存现金限额＝每日零星支出额×核定天数

2 单位填制"库存现金限额申请批准书"

不可涂改，错误一项就需重填

3 单位将申请批准书报送单位主管部门

主管部门签署意见，递交银行

4 银行核实批准

日常工作中，银行会根据这一事项限制企业现金往来

专家点评

独立核算的子公司可以拥有独立的库存现金限额，所以一些企业通过开设一个空壳的子公司，来突破政策对库存现金限额的限制。

一学就会的出纳全图解

库存现金管理制度

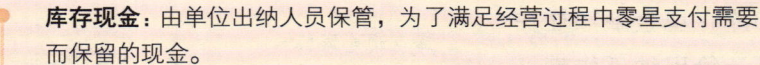

关键词：库存现金　现金日记账

库存现金：由单位出纳人员保管，为了满足经营过程中零星支付需要而保留的现金。

现金日记账：出纳人员逐日登记的反映库存现金的收入、付出及结余情况的特种日记账。

依据法律规定，为了加强对现金的管理，除日常工作需要的少量备用金可以存放在出纳人员的抽屉内外，其余则应转入单位保险柜中。需要注意的是，应该分类保管纸币和铸币。出纳人员应对库存现金按照货币的种类、纸币的面额、铸币的大小等进行分别处理。

经典示例

我国的库存现金管理制度执行不是很严格，而到了国际上，一些在国内"懒散"惯了的企业就会极度不适应。

某出纳在整理完现金后，发现超出了规定限额一美分，但是他不做处理。可是银行发现后，却按照规定扣了公司一百美金的罚款和一个信用点。经历了这件事之后，这家企业和它的财务人员才知道"老外"对表格中的数据看得有多重。

计算出库存现金总额后，出纳还需要对账，具体工作如下：

1. 现金日记账与收支凭证核对

出纳必须在每天的工作结束后，将现金日记账、库存现金数额和所有的收支款凭证进行核对。核对项目主要有：核对凭证编号；

记账凭证与原始凭证，是否相符；查对账证金额与方向的一致性。如果发现偏差，必须及时纠正。

2. 现金日记账与现金总分类账的核对

即使日记账最后的总额和库存现金数额恰好齐平，现金账的组成和分类也不一定会和库存现金数额相等，所以还要通过分类账来核查最终数据。

3. 现金日记账与库存现金的核对

首先结出当天现金日记账的账面余额，再盘点库存现金的实有数，看两者是否完全相符。

库现金管理制度

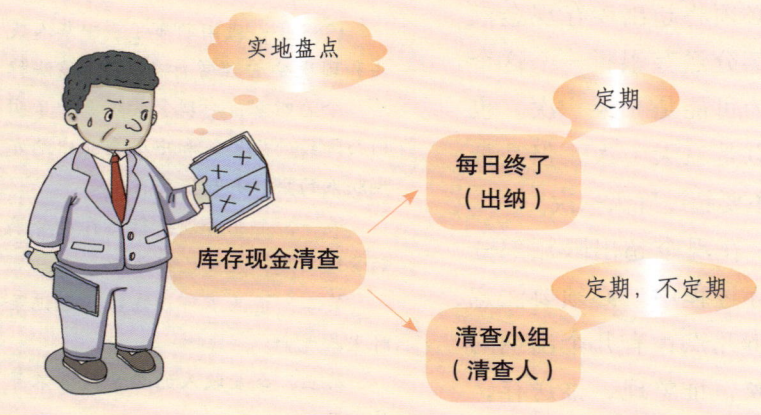

专家点评

库存现金实有数 + 未记账的付款凭证金额 − 未记账的收款凭证金额 = 现金日记账余额

现金送存

关键词：现金　现金缴款单

现金：立即可以投入流通的交换媒介，在本书中包括现金和约当现金。

现金缴款单：单位去银行账户上（本单位或其他单位的银行账户）存现金时，填写的凭证。

整理好现金后，出纳就必须将超出库存现金额的部分送存银行——这个行为可能是一天一次，也可以是三天一次，但是最多不要超过五天一次。

在现金超出限额部分送存过程中，必须要注意如下几点：有几个出纳的时候，谁整理，谁送存，明确责任；现金缴款单填好后，一般不宜再调换票面，如确需调换的，应重新复点，同时重新填写现金缴款单；送存金额为较大的款项时，最好使用公司专车，并邀人同行；点清款项后再交

经典示例

1988年，我国颁布了《中华人民共和国现金管理暂行条例》。该法律总共分为四章，对现金管理做出了明确而细致的规定。和中小企业出纳发生联系的主要有如下几点：

第一，企业必须执行库存现金限额管理制度，上文已经介绍。

第二，企业不可以在银行无记录时坐收现金。

第三，企业收入的日常现金不算作储蓄。

第四，超出库存现金限额部分必须送存银行，上文已经介绍。

第五，企业之间不得相互拆借现金。

现金送存流程

- **整理清点现金、凭证**：将需要交存的现金清点整理,并且按照币种、面额分类存放,合计数额。
- **填写现金缴款单**：缴款单上数额必须和存款数额一致。
- **提交**：向银行提交缴款单和票款。
- **返回缴款单**：交款完成后,出纳拿回加盖有银行公章的缴款单第一联。
- **编制凭证**：根据缴款单凭证,编制现金日记账。

款,不可以在点款同时交款;交款人交款的过程中应做到钞票不离手,以防发生意外。

单位去银行账户上存现金时填现金缴款单,而交票据时则填银行进账单。现金缴款单上不需要加盖财务章,第一联由银行加盖"现金收讫"或"业务清讫"章后,退给单位作为回单,第二联作为银行的记账凭证。填写现金缴款单的时候,要注意款项来源栏目的填写,一般是根据现金来源,如实填写。

专家点评：单位的基本账户银行所在地是固定的,所以单位出纳应该有自己固定的银行业务员,在送存款项前,可以电话预约,这样既快速又安全。

现金收入的处理程序

关键词：现金　现金收入

现金：立即可以投入流通的交换媒介，在本书中包括现金和约当现金。
现金收入：社会各单位在支出成本一段时间后，成本带来的收入现金，包括商品销售现金收入、储蓄现金收入和非商品服务费收入等。

出纳办理现金收入业务是最基本的工作，其程序一般为：首先，复核现金收款凭证，即复核现金收入的合法性、真实性和准确性；当面清点现金；然后，开出现金收据，并加盖"现金收讫"印章，签字盖章；最后，根据收款凭证登记现金日记账。

要注意的是，如果销售发货票上印有"代记账凭证"字样，可据以登记现金日记账。

收款经办者应该只负责处理收款业务，应避免安排执行其他业务。如果兼任付款业务或有关销售事务，就会失去内部控制的机能，应极力避免。

经典示例

对营业收入收进的现金，应单独设立收款人员，与现金出纳分开，每日营业终了时由收款员将收入的现金直接交送开户银行，并将银行账单向出纳部门报账。这里也强调钱账分离的必要性。我国很多中型企业，只有一个会计一个出纳，如果两人联合舞弊，企业的财务就极度危险。

第6章 如何管理现金

在这个过程中，款项经办人也即出纳，要时刻牢记如下几点：现金收入必须经过规定的程序并附上被认定的收入传票以及凭证文件；挂号邮件应由现金收入经办者或客户总账经办者以外的人开封；现金收入传票与凭证文件的日期，应与出纳者的记账一致或无错误；所收入的现金，要在当天或第二天存入银行；分公司、各营业所、工厂等的现金收入，应立刻送回总公司。

现金收入流程

复核现金收款凭据否齐备 ①	当面清点现金 ②
（开立收据）加盖"现金收讫"印章和出纳人员名章 ③	编制记账凭证，登记现金日记账 ④

专家点评　收款经办者不能制作现金收入传票，要经由其他单位或经办者制单，并经规定的程序，附上被认可的传票，办理收入业务。

现金的保管

关键词：现金管理条例

《**现金管理条例**》：1988年9月8日中华人民共和国国务院令第12号发布，根据2011年1月8日《国务院关于废止和修改部分行政法规的决定》修订的现金管理法律。

《中华人民共和国暂行现金管理条例》第五条规定：

开户单位可以在下列范围内使用现金：职工工资、各种工资津贴；个人劳动报酬，包括稿费和讲课费及其他专门工作的报酬；支付给个人的奖金，包括根据国家规定颁发给个人的科学技术、文化艺术、体育等各种奖金；各种劳保、福利费以及国家规定的对个人的其他支出，如转业、复员、退伍、退职、退休费和其他按规定发给个人的费用；向个人购买农副产品和其他物资支付的价款；出差人员必须随身携带的差旅费；支付各单位间在转账结

经典示例

2007年，巢湖市某公司的现金保管员李某自编自演了一出"贼喊抓贼"的大戏。10月24日，其利用看管工程机械的机会，将工地上的一台柴油机、一台发电机偷偷地卖给了一个收废品的人，并将公司内所有的送存现金全部吞没。为掩人耳目逃避法律的制裁，他又于27日将自己的一部价值约300元的手机连同机卡一并扔进河里，并伪造了被抢劫的现场。不过案件很快被查清，赃款也被追回。

算起点（1 000元）以下的零星支出；中国人民银行确定需要支付现金的其他支出。凡是不属于现金结算范围的，应通过银行进行转账结算。

从这一条法律，出纳就要明确自己的现金保管制度：

除了将现金登记和送存外，纸币一定要打开铺平存放，并按照纸币面额的大小，以每一百张为一把，每十把一捆，捆扎好。凡是成把、成捆的纸币即为整数(即大数)，均应放在保险柜内保管，随用随取；凡不成把的纸币视为零数(或小数)，也要按照票面金额，每十张为一扎，分别用曲别针别好，放在传票箱内或抽屉内。

铸币也是按照币面金额，以每一百枚为一卷，每十枚为一捆，捆扎好同样将成捆、成卷的铸币放在保险柜内保管，随用随取；不成卷的铸币，应按照不同币面金额，分别存放在特别的卡数器内。

现金保管制度

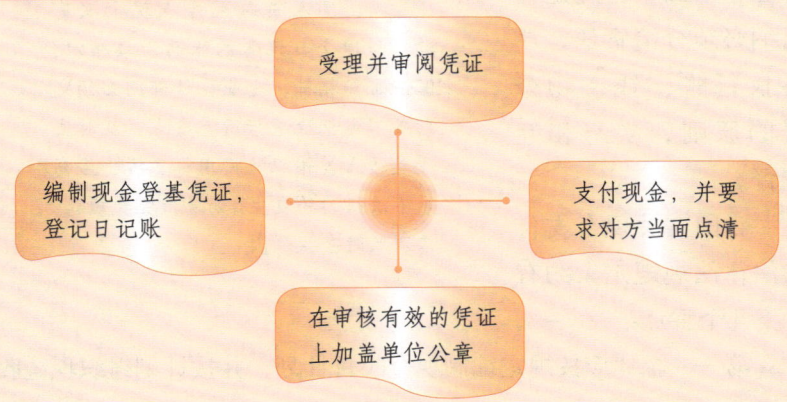

专家点评

企业必须建立健全的现金账目，逐笔登记现金收入和支出，做到现金账目日清日结，账款相符。

现金支付的方式

关键词：现金　现金支付

现金：立即可以投入流通的交换媒介，在本书中包括现金和约当现金。

现金支付：交易中最简单的价款支付方式，在交易过程中或者交易完成后，一方按照另一方的要求，立时或延时支付现金。

为了加强现金收支管理，依照单位规定，出纳必须分清责任，严格执行账、钱、物分管的原则，实行相互监督。

我国有关现金支付的法律法规规定大约有如下几个重点：

经典示例

现出纳人员每天盘点现金实有数，与现金日记账的账面余额核对，保证账实相符。企业会计部门必须定期或不定期地进行清查盘点，及时发现或防止差错以及挪用、贪污、盗窃等不法行为的发生。如果出现长短款，必须及时查找原因。

第一，企业应按规定编制现金收付计划，并按计划组织现金收支活动。

第二，企业的会计部门，出纳工作和会计工作必须合理分工，现金的收付保管应由出纳人员负责办理，非出纳人员不得经管现金。

第三，严格执行现金清查盘点制度，保证现金安全。

第四,一切现金收入都应开具收款收据,即使已有对方付款凭证,也应开出收据交付款人,以明确经济职责;收入现金签发收据与经手收款,

现金支付管理

中央银行
(中国人民银行)

各开户单位

监督和稽核

监督和稽核

开户银行(包括各专业银行,国内金融机构,经批准在中国境内经营人民币业务的外资、中外合资银行和金融机构。)

按要求也应当分开,由两个经办人分工办理,如销货收入应由经销人员负责填制发票单据,出纳人员据以收款,以防差错与作弊。

第五,一切现金收入必须当天入账,当天送存银行。当日送存确有困难的,应取得开户银行同意后,按双方协商的时间送存。

第六,不准利用银行存款账户,代其他单位、个人存入或支取现金。

专家点评

一切现金支出都需要凭证,包括现金收入者所给出的原始凭证,以及单位出纳人员据此制作的二次凭证。

现金日记账的登记

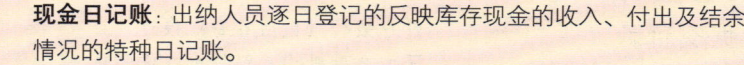

> 关键词：现金日记账　账簿
>
> **现金日记账**：出纳人员逐日登记的反映库存现金的收入、付出及结余情况的特种日记账。
>
> **账簿**：由具有一定格式而又互相联系的账页所组成，用以全面、系统、连续记录各项经济业务的簿籍。

现金日记账通常由出纳人员根据审核后的现金收、付款凭证，逐日逐笔顺序登记。登记现金日记账总的要求有：分工明确，专人负责，凭证齐全，内容完整，登记及时，账款相符，数字真实，表达准确，书写工整，摘要清楚，便于查阅，不重记，不漏记，不错记，按期结账，不拖延积压，按规定方法更正错账等。

经典示例

现金日记账采用订本式账簿，其账页不得以任何理由撕去，作废的账页也应留在账簿中。在一个会计年度内，账簿尚未用完时，不得以任何借口更换账簿或重抄账页。记账时必须按页次、行次、位次顺序登记，不得跳行或隔页登记，如不慎发生跳行、隔页时，应在空页或空行中间划线加以注销，或注明"此行空白"、"此页空白"字样，并由记账人员盖章，以确定责任。

出纳人员在办理收、付款时，应当对收款凭证和付款凭证进行仔细的复核，并以经过复核无误的收、付款记账凭证和其所附原始凭证作为登记现金日记账的依据。如果原始凭证上注明"代记账凭

"证"字样，经有关人员签章后，也可作为记账的依据。

现金日记账

性质：按照现金业务发生的时间顺序逐笔记录

- 记载、储存
- 分类、汇总
- 检查、校对
- 编制报表、体现信息

外在形式：账页固定装订成册的订本式账簿

- 避免账页散失、抽损
- 便于归档保管

每一笔账都要记明记账凭证的日期、编号、摘要、金额和对应科目等。经济业务的摘要不能过于简略，应以能够清楚地表述业务内容为限，便于事后查对。日记账应逐笔分行记录，不得将收款凭证和付款凭证合并登记，也不得将收款付款相抵后以差额登记。登记完毕，应当逐项复核，复核无误后，在记账凭证上的"账页"一栏内作出"过账"符号"√"，表示已经登记入账。

如果现金日记账发生错误，必须按规定方法更正。为了提供在法律上有证明效力的核算资料，保证日记账的合法性，账簿记录不得随意涂改，严禁刮、擦、挖、补，或使用化学药物清除字迹。发现差错，必须根据差错的具体情况采用划线更正、红字更正、补充登记等方法更正。

专家点评：现金日记账必须当日账务当日记录，并于当日结出余额；有些现金收、付业务频繁的单位，还应随时结出余额，以掌握收、支计划的执行情况。

一学就会的出纳全图解

三栏式现金日记账

※※※※※※※※※※※※※※※※※※※※※※※※※※※※

关键词：三栏式　日记账

三栏式："借方"、"贷方"、"余额"三栏为基本结构，逐笔登记现金收支业务登记方法。

日记账：按经济业务发生时间的先后顺序，逐日逐笔登记的账簿，也称为序时账。

企业常用的现金日记账账页格式是"三栏式"，以"借方"、"贷方"、"余额"三栏为基本结构，逐笔登记现金收支业务，并据此结算出余额，同实际库存现金金额相核对，由此可以掌握每天现金的收入、支出、库存情况。

有些企业为了在现金日记账中更明确细致地显示出现金的来龙去脉，在现金日记账之外，还增设"现金收入日记账"和"现金支出日记账"。现金收入和现金支出按照对应的科目，将金额计入有关的"借方"、"贷方"栏内。每日现金支付业务结束之后，将现金收入日记账的合计收入金额和现金支出日记账的合计支出金额，直接登入现金日记账的"借方"、"贷方"栏

经典示例

三栏式现金日记账的登记方法，是由出纳根据现金收款凭证和现金付款凭证直接逐日逐笔登记。登记时，应填明业务日期、凭证字号、摘要、对方科目、收入或支出金额。对于从银行提取现金收入的业务，应根据银行存款付款凭证登记。每日终了，应及时计算出当日的收入数、支出数和结余数，与库存现金实存数核对。

三栏式现金日记账案例

2003年		凭证字号	摘要	对方科目	收入	付出	结存
月	日						
2	1		期初余额				1 800
	4	银付3	提现（发工资）	银行存款	20 000		21 800
	5	现付1	发放工资	应付工资		20 000	1 800
	9	银付5	提现（备用）	银行存款	5 000		6 800
	14	现付2	王某暂借差旅费	其他应收款		2 000	4 800
	19	现付3	代垫运杂费	应收账款		800	4 000
	23	现付4	支付办公费	管理费用		500	3 500
	26	现收1	王某报销差旅费	其他应收款	100		3 600
	28		本月合计		25 100	23 300	3 600

内。实际上，设置"现金收入日记账"、"现金支出日记账"的企业很少，大多数企业只设立"三栏式现金日记账"。

三栏式现金日记账账页上需要登记的项目如下：

（1）日期：记账凭证的日期；

（2）凭证编号按照"现金收入"、"现金支出"两类重新按顺序编号；

（3）对应科目应该和凭证的对应科目一致；

（4）摘要应该和凭证的内容相一致；

（5）借方：填写现金收入金额；

（6）贷方：填写现金支出金额；

（7）余额：根据上日余额、本日收入、本日支出计算出来。

专家点评

三栏式现金日记账解决了分工记账的问题，而且把大量重复发生的同类经济业务（如现金收、付业务）都集中在一本账中予以序时地反映。

严格现金收支手续

关键词：收入　支出

收入：企业在日常活动中所形成的、会导致所有者权益增加的、与所有者投入资本无关的经济利益的总流入。

支出：企业在生产经营过程中为获得另一项资产、为清偿债务所发生的资产的流出。

出纳人员应根据不同的情况对现金进行分析处理。

确定收款金额。如为现金收入，应考虑库存限额的要求；

明确付款人。出纳人员应当明确付款人的全称和有关情况，对于收到的背书支票或其他代为付款的情况，应由经办人加以注明。

经典示例

在填写现金支票，应附持票人的姓名、身份证号码及单位证明，办理转账或汇款时，出纳人员书写准确、清晰、完整，保证收款人能按时收到款项。一些诈骗犯会利用这一点作案——开出诸如"康帅博"之类的支票套取现金。

收取销售或劳务性质的收入。出纳人员应当根据有关的销售（或劳务）合同确定收款额是否按协议执行，并对预收账款、当期实现的收入和收回以前欠款分别进行处理，保证账实一致。

收回代付、代垫及其他应付款。出纳人员应当根据账务记录确定其收款额是否相符，具体包括单位为职工代付的水电费、房租、保险费、个人所得税，职工的个人借款和差旅费借款，单位交纳的押金等。

出纳人员在清楚收入的金额和来源后，进行清点核对。清点核对时应沉着冷静，不要图快。因特殊原因导致收入退回的，如支票印鉴不清，收款单位账号错误等，应由出纳人员及时联系有关经办人或对方单位，重新办理收款。

在现金支出时，必须明确付款用途和付款金额。

最后一步付款，开具支票时，出纳人员应认真填写各项内容，保证要素完整、印鉴清晰、书写正确。

为了提醒自己不犯错误或者提醒他人不犯错误，最好将单位的现金收支管理程序制作成宣传栏，放在财务部门办公室中，并且由专门的人员，定期检查或者抽查出纳、会计行为是不是违反了现金收支的管理制度。

现金收支带来的现金流量表

收入支出层	固定资产、工资、原材料和库存商品、产品销售收入、间接费用
应收应付层	应收账款、应付账款
现金层	现金（包括现金等价物）

专家点评：合格的出纳应该清楚要收到多少钱，收谁的钱，收什么性质的钱，也清楚付款金额、付款方式、付款用途。

现金收付凭证的审核

关键词：现金收入　现金支出

现金收入：社会各单位在支出成本一段时间后，成本带来的收入现金，包括商品销售现金收入、储蓄现金收入和非商品服务费收入等。

现金支出：交易中最简单的价款支付方式，在交易过程中或者交易完成后，一方按照另一方的要求，立时或延时支付现金。

"现金日记账"由会计部门的出纳人员根据审核无误的现金收、付款凭证和从银行提取现金时填制的银行存款付款凭证，按照业务发生的先后顺序逐日逐笔地登记。每日终了，应计算出当日现金收入合计数、现金支出合

经典示例

某企业开出现金支票一张，提取现金2 000元，以补充库存现金的限额。

借：库存现金　　　　　　　　2 000
贷：银行存款　　　　　　　　2 000

企业销售商品收到现金1 005元，其中货款834.15元，增值税170.85元。

借：库存现金　　　　　　　　1 005
贷：主营业务收入　　　　　834.15

以上的写法就属于现金日记账登记方法。

计数和结余数，并与库存现金的实际数进行核对，月份终了，还应将"现金日记账"的余额与"库存现金"总账的余额核对。核对结果应该做到账实相符。如果不符，应及时查明原因，并进行处理。

企业收入现金，主要是通过营业收取的现金，借支余额的收回以及开出支票从银行提取的现金。已由出纳办妥收款手续的现金

收款凭证，需要加盖"收讫"戳记，并经专人审核后，方能据以入账。收入现金时，借记"库存现金"科目，并按收入现金的来源，贷记有关科目。

企业付出现金，应由专人对现金支出的内容进行认真的审核，其审核的内容主要包括是否符合现金开支的范围、有关财经政策和财务制度的有关规定及经手人员是否签字、凭证有无涂改、伪造或者虚报冒领的情况等。

单位现金收支流程

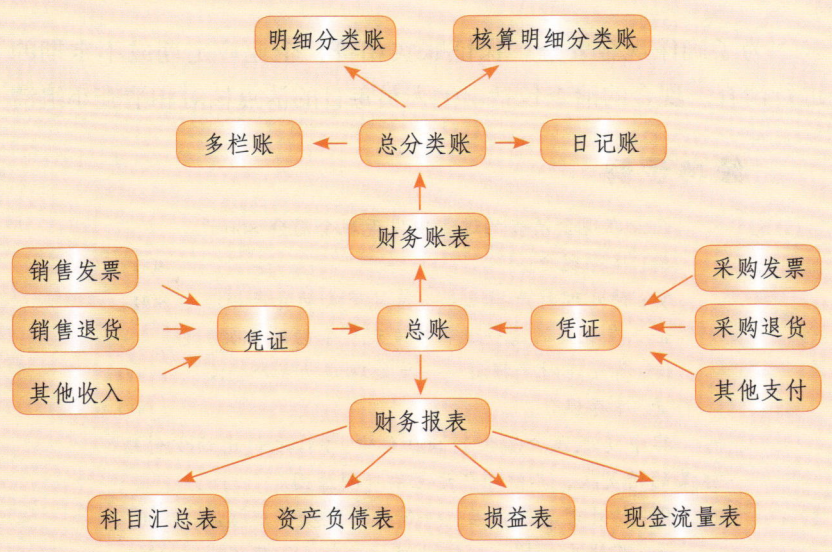

专家点评：现金收支如果在连续几个会计阶段不平衡，出纳需要上报单位负责人。

现金清查

关键词:现金清查 现金

现金清查:除了出纳员自身对库存现金进行检查的基础上,单位还应指定专人定期或不定期地进行核查,以确保库存现金数量的行为。

现金:立即可以投入流通的交换媒介,在本书中包括现金和约当现金。

为了确保现金安全,保证账实相符,企业应定期或不定期的进行清查。现金的清查包括出纳人员每日的清点核对和清查小组清

经典示例

企业在现金清查的过程中发现现金溢余800元。

借:库存现金	800
贷:待处理财产损溢——待处理流动资产损溢	800

企业在现金的清查过程中发现现金短缺1 000元。

借:待处理财产损溢——待处理流动资产损溢	1 000
贷:库存现金	1 000

其中发现现金溢余的800元中:400元是出纳少付给张某的借支款,其他400元无法查明原因。

借:待处理财产损溢——待处理流动资产损溢	800
贷:其他应付款——应付现金溢余(张某)	400
营业外收入	400

其中发现现金短缺的1 000元中:300元应由出纳赔偿,200元应由保险公司赔偿,还有500元无法查明原因。

借:其他应收款——应收现金短缺款(X出纳)	300
——应收保险赔偿	200
管理费用	500

查。现金清查的方法是进行实地盘点,即将库存现金的实有数与"现金日记账"余额进行核对。

在清查中若发现有待查明原因的现金短缺或溢余,应通过"待处理财产损溢——待处理流动资产损溢"科目核算,待查明原因后再进行处理。如果属于无法查明的其他原因,根据管理的权限,经过批准后借记"管理费用"科目;如果属于应支付给有关单位或人员的,应贷记"其他应付款"科目;如果属于无法查明原因的溢余,经过批准转入"营业外收入"科目。

和银行合作的现金清查

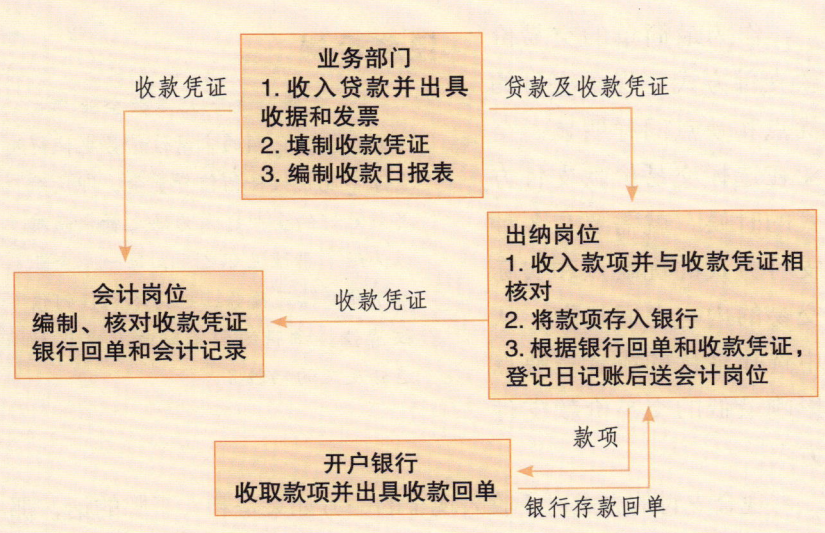

专家点评 现金清查分为定期和不定期两种,定期清查属于财务制度一部分,不定期清查多半是应对某项重大事务时的方法。

现金结算的优缺点

关键词：现金结算　现金流量表

现金结算：在商品交易、劳务供应等经济往来中直接使用现金进行应收应付款结算的行为。

现金流量表：在一固定期间（通常是每月或每季）内，一家机构的现金的变化情况表格。

作为最简单的交易价款支付方式，现金支付的优点和缺点同样明显。企业在选择交易价款支付方式的时候，就需要在各种支付方式的优缺点和实际交易的内容之间权衡，从中选择最优的或者是缺点影响最低的交易价款支付方式。

经典示例

"三角债"之下大多数企业都收不到现金，巨额的未清偿债务也使得企业不能获得任何信贷资金，即使经济效益好的企业也因为缺乏资金而难以为继。恶性循环之下，每一个企业都不愿意偿还债务，也得不到任何债权清偿。希腊的国家财政就是这种连锁反应的牺牲品。

现金支付的方式对于收入现金的一方如果是利大于弊的话，那么对于支出现金的另一方绝对是弊大于利的。

在企业并购的过程中，收购方以现金支付的方式进行，会给公司带来巨大的现金压力。如果收购方必须以公司自有现金支付的话，会给企业的现金流量带来非常不利的影响。即使收购方能够从公司外部获得现金融资而筹集了部分资金，其实也是变相地一次性大量耗费了公司的融资能力,还是会给企业带来因为现金流枯竭而造成的经营困难。而且,企业并购不是交易完成就一劳永逸了,并购完成之后,企

现金结算流程

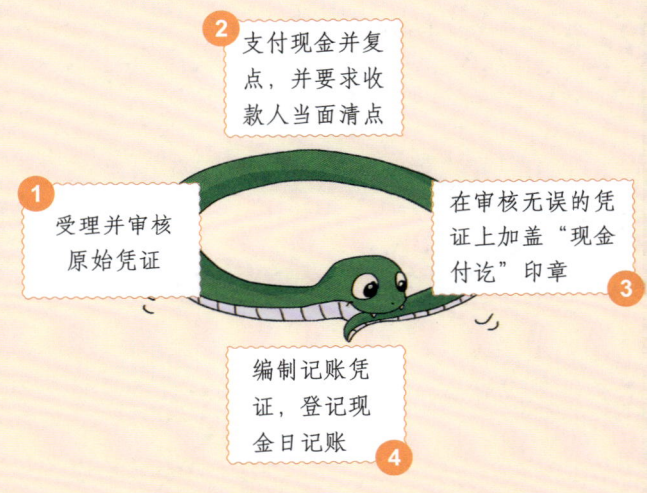

业还要面临很多需要耗费现金的地方,要将原来的两个企业整合成一体也是非常花钱的。如果企业面临现金流断裂的危机,处置不当,就会让企业沦落到万劫不复的地步。

而在企业交易的过程中,如果因为社会信用度低,而排除信用支付手段的使用,只信任现金,这也会给企业带来非常大的现金压力。面对这种情况,那些前景良好、但是目前现金流不好的企业会变得举步维艰,非常容易出现现金流断裂的危机,危及企业的生存。

专家点评

企业为了保证支付能力、应对现金压力,也会预先存留大量现金。这些现金如果数量过大,就是一种巨大的浪费。

第7章
外汇业务的管理

外汇是以外币表示的、用于国际结算的支付凭证。特别是在全球化进程加速的今天,一个企业,特别是高新技术型企业,和国外企业的接触是避免不了的。而和外部企业的接触就需要用到外汇。

相对于国内交易,外币的价值会因汇率变动而增减,所以更容易出现账务差额。出纳对外汇业务的管理首要的任务就是处理好这些差额变动。

基础知识：汇率

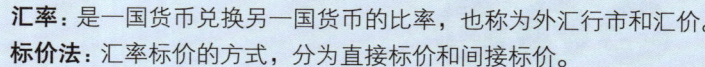

关键词：汇率　标价法

汇率：是一国货币兑换另一国货币的比率，也称为外汇行市和汇价。

标价法：汇率标价的方式，分为直接标价和间接标价。

一国的货币兑换成他国的货币时，必须按照一定的比率兑换进行。这个兑换比率就是汇率。

汇率的标价有两种形式：直接标价法和间接标价法。直接标价法是用一定单位的外国货币为标准来计算，折合若干单位的本国货币，如我国使用"100美元＝682元人民币"的汇率时，就是直接标价法。目前在国际经济交往中，大多数国家（或地区）采用的都是这种方法，我国也采用这种标价方法。间接标价法是以本国货币为标准，以一定单位的本国货币来计算，折合若干单位的外国货币。

根据外汇管制情况的不同，汇率可以分为官方汇率和市场汇率。官方汇率是由一个国家的外汇管理机构制定公布的汇率。而市

经典示例

汇率变动越快对企业影响越大，对出纳造成的账务困扰也越大。比如，月初一日，美元对人民币的汇率是1:6.12，而月末汇率变动为美元对人民币1:6.10，而有一笔交易发生在月中，交易总额为进账30000美元。

所以我们可以看到账务中存在（6.12−6.10）×1000×30=600元的汇率变动价值，而出纳要做的工作就是在账务中抹平这个漏洞。

场汇率是在自由外汇市场上买卖外汇的实际汇率,它随外汇供求状况的变化而上下波动。

目前,我国实行的是介于固定汇率和浮动汇率之间的汇率管理机制,原因就是固定汇率会阻碍市场经济发展,但是浮动汇率机制下,经济变化过于激烈。我国还处于发展中国家阶段,所以采取有限度的自由浮动汇率,经济学中称之为"可调整的钉住汇率(adjustable peg system)"。

汇率的变动

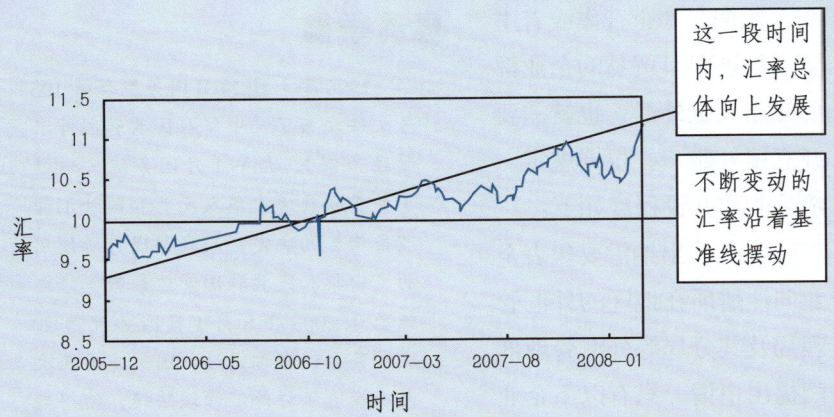

专家点评 企业的业务关系越复杂,交易规模越大,企业的发展越快,出纳的外汇处理能力也越重要。

国外账户的开设

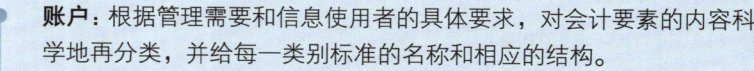

关键词：账户　外汇账户

账户：根据管理需要和信息使用者的具体要求，对会计要素的内容科学地再分类，并给每一类别标准的名称和相应的结构。

外汇账户：外汇账户是按照有关账户管理规定，在经批准经营外汇存款业务的银行和非银行金融机构以可自由兑换货币开立的账户。

长期与外企合作或者主要进行进出口贸易的企业都要使用大量外汇，也就需要开立境外账户。根据规定，境外账户开设程度如下：

首先，出纳需要代表企业向注册所在地区的外汇管理局及其分局等外汇管理部门提出申请。只有以下企业有资格提出申请：

（1）企业在境外有经常性零星收入。

（2）企业在境外有经常性零星支出。

（3）由于业务上的特殊需要，必须在境外开户。

其次，根据外汇管理局的制度提供相关文件，主要有：由企

经典示例

1996年1月29日国务院令第193号文件发布了《中华人民共和国外汇管理条例》，次年1月国务院又通过了关于修改《中华人民共和国外汇管理条例》的决定。而我国现行所使用的《中华人民共和国管理条例》修订版已于2008年8月1日国务院第20次常务会议修订通过。国家先后几次大规模地修订外汇管理法规，使得我国的《外汇管理条例》逐步建立起"科学、合理、有效"的外汇管理法规体系。

业法定代表人或董事会授权人签署并加盖企业公章的开立账户申请书，申请书应包括开户理由、币别、用途、收支范围、使用期限、拟开户行及所在地等内容；由会计事务所出具的企业已按规定缴足资本的验资证明；企业成立时的批准文件；企业内部自己制定的对境外账户的管理办法。

再次，企业必须选择合适的开户银行。出纳应做足所需要开户地区银行的功课。比如，未来一段时间内要和美国企业交易，以公司的名义在美国开立账户，应挑选在美国营业的某一个合适银行开户。

最后，注意境外账户的使用期限及延期。企业境外账户使用期届满30天内，必须向外汇管理部门提供注销境外账户证明，将余额调回国内，并提供开户行清户账单；如需延期使用境外账户，必须在到期前30天内，向外汇管理部门提出书面申请。

常见的外币符号

货币名称	货币符号	货币名称	货币符号
日元	JPY	港币	HKD
英镑	GBP	美元	USD
瑞士法郎	CHF	欧元	EUR
加拿大元	CAD	澳大利亚元	AUD

企业应在每季度终了后15天内向外汇管理部门提供开户银行对账单复印件及资金使用情况书面说明。

外汇汇兑的基本内容

✳✳✳✳✳✳✳✳✳✳✳✳✳✳✳✳✳✳✳✳✳✳✳✳✳✳✳✳✳✳✳✳✳✳✳✳✳✳✳

关键词：外汇　外汇汇兑

外汇：以外币表示的用于国际结算的支付凭证。
外汇汇兑：汇款人委托银行将其款项支付给收款人的结算方式。

银行受理汇兑委托业务后，要对企业的汇兑凭证进行审查。其审查内容主要有：

1. 汇兑凭证填写的各项内容是否齐全、正确。

2. 汇款人账户是否有足够支付的金额。这一点是审查的最重要一项。

3. 汇款人的印鉴是否与预留在银行的印鉴相符合。

委托日期必须是汇款人向汇出银行提交汇兑凭证的当日，汇兑凭证的金额、日期和收款人不得更改，其他事项的更改必须由原记载人签章证明；单位汇款人在汇兑凭证上的签章必须是该单位预留在银行的签章。汇款回单只能作为汇款银行受理汇款的依据，不能作为该笔汇款已转入收款人账户的证明。

审查无误后，银行会给企业签发"汇款回单"表明银行已受理汇款委托。

汇入银行收到汇款后，向收款企业办理支付手续。

（1）表明"信汇"或"电汇"。

（2）无条件支付的委托。

(3) 确定的金额。
(4) 汇款人名称。
(5) 收款人名称。
(6) 汇入地点、汇入行名称。
(7) 汇出地点、汇出行名称。
(8) 委托日期。
(9) 汇款人签章。

汇兑凭证上欠缺上列记载事项之一的，银行均不予受理。汇兑凭证记载的汇款人名称、收款人名称，其在银行开立存款账户的，必须记载其账号，记载缺少的，银行不予受理。

外汇汇兑流程

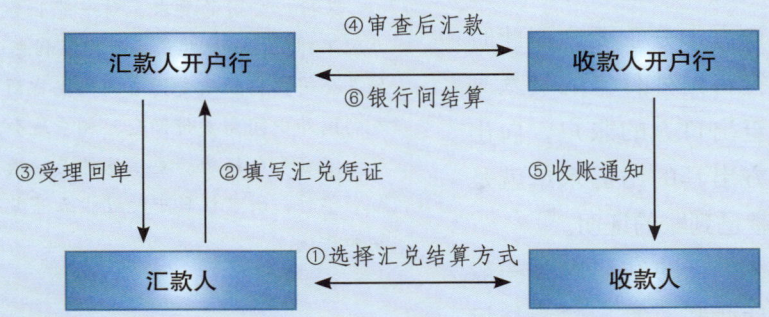

专家点评

　　汇款人和收款人均为个人，需要在汇入银行支取现金的，汇款人应在汇兑凭证的"汇款金额"大写栏，先填写"现金"字样，后填写汇款金额，未填写现金字样的，不得支取现金。汇款或收款人为单位的，不得办理现金汇兑。

结汇水单

关键词：结汇水单　核销单编号

结汇水单：银行在国外付款拨到企业账户上所给出拨付凭证。
核销单编号：所有的出口货物都会有固定的编号，是出口退税的重要凭证。

出口收汇作为出口贸易中的一个重要环节，对出口方十分重要，而此时银行将国外付来的货款划拨至出口方的账户，向出口方出具的结汇水单就是货款已到账的证明。

银行的结汇水单一般包括两联，第一联为贷记通知，是公司财务人员的记账凭证；第二联为出口收汇核销专用联，为外汇局核销专用。

在一张完整的贷记通知中，主要包含的内容有银行编号、公司发票号、收汇金额、贷记账号、银行扣费等。其中收汇金额和贷记账号对公司比较重要，也关系到出口公司的最基本利益。收汇金额就是在一笔出口业务中，出口公司实际所得的金额；贷记账号则是收汇的款项已划拨至的账户。这两项内容之间也有着密不可分的

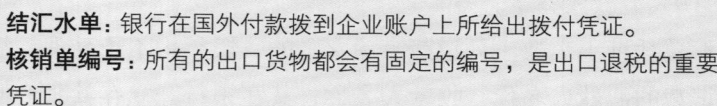

经典示例

银行应公司的要求，对一笔业务办理了押汇，由此就产生了押汇利息；如果公司要将款项支付给国内供货商或向国外中间商支付佣金，相应地会产生汇费和电报费。要注意的是，填写水单时，附言栏目中超过十五字就要加收钱。

联系。如果出口收汇款要付至人民币账户，贷记通知上就要显示实收的外币金额按当日牌价折算出的人民币金额，同时提供当日买入价，供公司参考。如公司希望保留现汇，则需向银行提供外币账号，这时贷记通知上只显示实际收汇的外币金额。

除了包括以上所提到的内容外，核销单编号也非常重要，公司只有提供了正确的核销单号，才能保证顺利核销，得到退税。

不论对公司还是对银行，结汇水单都是比较重要的凭证。通常，货款到账后，银行就发出结汇水单。如果公司在收汇后较长时间内，未收到结汇水单，应及时与银行联系，查找原因，以避免由此带来的损失。

结汇水单模拟样本

出口收汇核销专用联

××银行		
客户全称： 日期：___年__月__日		
账号：		
核销单号：		
摘　　　要		货币及金额
银行编号： 汇入号：		
汇入日期： 金　额：		
汇款人姓名：		
申报号码：		制票：
汇款人留言：		复核：

在银行的贷记通知上还会列明一些费用的收取情况，主要分为国外扣费和国内扣费。

外汇的折算入账

关键词:外汇折算　差额

外汇折算:企业获得外汇收入时,外汇付至人民币账户时,折算为本国货币的过程。

差额:在会计出纳业务中,因为时间、财会法则等原因产生的不可避免的误差。

外币交易是指以记账本位币以外的货币计价或结算的交易。折算入账则是在将外币折算成本位币之后,将交易入账的过程。

折算入账的两个基本环节:一是在发生外币交易时所进行的初始确认与结算时的差额确认;二则是在核对资产负债表时,对外币交易相关项目的折算。

企业或银行在进行外币交易时,应在交易的初始就采用交易发生日的即期汇率将外币折算为记账本位币金额;而在对外币折算入账时,所采用的汇率应为上一年的即期汇率。

经典示例

国内甲公司的记账本位币为人民币。2007年12月4日,向国外乙公司出口商品一批,货款共计80000美元,尚未收到,当日汇率为1美元=7.8元人民币。

假定不考虑增值税等相关税费。甲公司应进行以下账务处理:

借:应收账款 624000
贷:主营业务收入 624000

虽然外币折算是一个极其繁琐并相当容易出现差错的环节,但并非毫无技巧可言,对于外币折算的技巧可归纳为两点:第一,选择现行汇率作为折算汇率,将折算差额计入当期损益。第二,采用交易发生日的即期汇率或即期汇率的近似汇率折算。

需要注意的是,在对外币财务报表折算前,应首先调整境外经营的会计期间和会计政策,根据调整后与企业相一致的会计期间与政策,编制相应货币的财务报表。

外汇折算入账

确定交易日期	买入卖出外币的时间会和账务的记录时间存在差异
确定外汇等记账科目和数据	必须根据外币货币性项目和非货币性项目分别入账
折算差额的计算和记录	不同的差额计算方法最终的计算结果是相同的
外汇费用的汇率计算	必须以费用发生日当天汇率或者近似汇率计算

专家点评　　所有的外汇折算时使用汇率都是上期的平均汇率,所以入账时,会因为上期和本期汇率差而产生误差。

外汇税款的计算和出口退税

关键词：外汇税款　出口退税

- **外汇税款**：企业在需要用外汇来支付购入材料或者服务等时，必须缴纳给外汇管理局的税款。
- **出口退税**：依据国家法律，企业在货物出口时依据所得外汇多少，国家会对其进行的鼓励性补偿。

对于符合我国出口标准的货物，在其出口时，退还其在国内生产和流通环节实际缴纳的产品收入所得税、增值税、营业税和特别消费税等其缴纳的一切税费。

依据《中华人民共和国印花税暂行条例施行细则》第十九条规定，应纳税凭证所载金额为外国货币的，纳税人应按照凭证书立当日的中华人民共和国国家外汇管理局公布的外汇牌价折合人民币，计算应纳税额。因此，以外币增资的，应以记账当日国家外汇管理局公布的外汇牌价折合人民币，计算应纳税额。

经典示例

我国自1994年税制改革以来，中国出口退税制度先后几次大幅调整。1995年和1996年进行了第一次大幅度出口退税政策调整，2005年我国降低了部分货物的出口退税率，2008年8月1日我国再一次提高纺织品、服装的出口退税率，此次调整涉及3486项商品，约占海关税则中全部商品总数的25.8%；2009年1月1日第九次调整中，提高部分技术和机电产品出口退税率。

出口退税的审批流程

```
                    开  始
                    出口企业出口申报填写审请表一式三份。

                    初  审                         资料不齐全退
                    县（市）区局审核单证是否齐全。      回，并一次性告
                    办理时限：2个工作日。            知应补正内容。

未审核通过           复  审
出口企业点           进出口税收管理处主办人员审核申报。
击报送              办理时限：1个工作日。

                    机  审
                    进出口税收管理处主办人员通过网络对单证进行
                    审核。
                    办理时限：1个工作日。

                    审  批
                    进出口税收管理处签署意见，报主管局长审批。
                    办理时限：5个工作日。

                    下达通知
                    根据领导审批意见和省局计划，下达免抵退税通
                    知单，办理时限根据计划下达。

                    办  理
                    县（市）区局根据市局下达的免抵退税通知单，
                    办理免抵调库和退税。
                    办理时限：5个工作日。

                    完  成
                    出口企业领取资料。
```

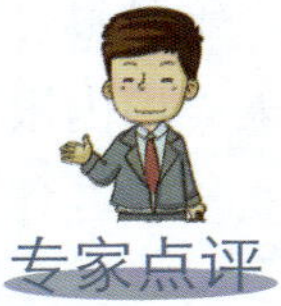

专家点评　　并非出口货物都可以退税，只有所有的符合退税条件的货物，才能予以退税。

外汇业务的核算

关键词：记账本位币　记账汇率

记账本位币：是指各单位从事生产经营和业务活动的主要经济环境中的货币，是各单位计量其资金流动和业务经营成果的统一尺度。

记账汇率：各单位在计算和记录以外币计算的业务时所采用的汇率。

部分企业，比如国际证券金融公司在经营时，需要进行本币和外币的折算。本、外币的货币单位不相同，货币价值也不一致，因此银行在接受这些公司的外汇业务时除以本币为计量单位外，还要以外币为计量单位，以核算和监督各种不同币种的外币收、支、存的情况。

经典示例

外币账户的期末余额，按照期末国家的外汇牌价折合为记账本位币金额和按账面汇率记载的记账本位币金额之间的差额。比如2009年，我国许多进口企业因为美元的贬值，结果造成持有外汇贬值，资产缩水。

为了适应这种情况，需要企业和开户行用外汇分账制对外汇业务进行核算。各种原币分别设账，即人民币与各种外币分账核算。所谓分账，是指各种外币都自成一套独立的账务系统，平时每一种分账货币都按原币金额填制凭证，记载账簿，编制报表，国内银行间进行外汇划转，也应填制原币报单，记原币账，如实反映各外币的数量和价值。

第7章 外汇业务的管理

同一货币由于性质不同，有记账外汇和现汇之分。记账外汇，是根据两国政府有关贸易清算协定所开立的清算账户下的外

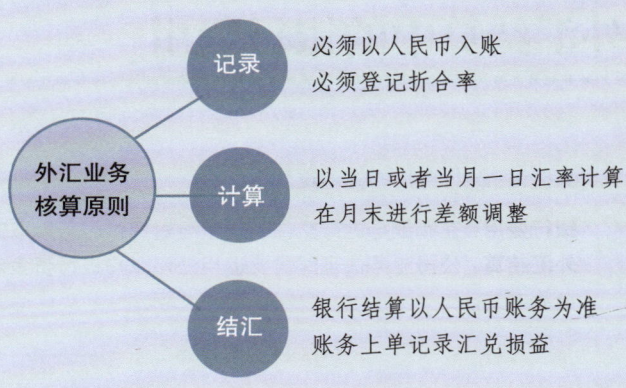

外汇业务核算原则

- 记录：必须以人民币入账；必须登记折合率
- 计算：以当日或者当月一日汇率计算；在月末进行差额调整
- 结汇：银行结算以人民币账务为准；账务上单记录汇兑损益

汇。此种外汇不能兑换成其他货币，也不能支付给第三国，只能用于支付协议规定的两个国家之间贸易货款、从属地区和双方政府同意的其他付款。现汇，是指在国际金融市场上可以自由买卖，在国际结算中广泛使用，在国际上得到偿付，并可以自由兑换成其他国家货币的外汇。

根据财务制度，出纳在核算外汇业务前必须完成外币账户。这里所说的外币账户包括外币现金、外币银行存款、以外币结算的债权（如应收票据、应收账款、预付账款等）和债务（如短期借款、应付票据、应付账款、预收账款、应付工资、长期借款等）。

专家点评　按照财务准则的规定，各单位应当以人民币为记账本位币，业务收支主要以外币为主的单位，也可以选定某种外币为记账本位币，但在向政府有关部门报送报表时应当折算为人民币。

外汇结算中的银行费用

关键词：银行费用　外汇结算

银行费用：在和银行进行交往时，银行对提供服务索取的手续费。
外汇结算：公司业务往来时需要运用外汇账户进行资金流入或流出的结算方式。

在外汇进出账时，企业往往需要支付银行费用，主要费用如下：

出口议付方承担通知费用。国内银行除了中国银行，其他银行基本不收取这项费用。中国银行信用证每笔200元，修改150元/笔。外资银行不一定，每家银行都有自己的规定，一般都高于200元。

进口开证方承担开证费用，一般按千分之一点五收取（最低每笔人民币300元）和电报费。其中，关于电报费，各家银行规定不一，300~550元/笔不等。

出口托收时，国内银行收取的手续费用。手续费一般为千分之一，最低为人民币100元/笔；快邮费和电报费同出口议付。国外行

经典示例

在实务中，境外银行费用往往占大头：手续费一般是千分之一点二五（最低人民币150元）；快邮费：按快递公司的报价实收。电报费：看信用证条款，如需，一般人民币150元一笔国外行（开证行等）的费用：按各个银行的自己规定，和信用证上的规定，一般要扣：付款手续费、电报费等。如有不符点，还要扣除不符点费、不符点通知电报费以及其他费用。

费用：和信用证基本一样，主要是代收行的费用、划款行的费用以及收款行（托收行）的账户行的费用。

进口代收时，代收行的费用如由付款人承担，必须在货款外加付这笔费用。我们国内银行每笔代收基本也是按千分之一收手续费，另外再加电报费。

光票托收基本和跟单托收一样。

汇入汇款：国内银行不收费。不过如果钱划到本市的中行再转到其他银行，中行将收千分之一的无兑换手续费。如汇款时做的是国外行费用由收款人承担的话，国外行的费用主要由三部分组成，多少不定：汇出行的费用，途中银行的费用，收款行的账户行的费用。

汇出汇款的费用：主要是汇出行的费用。国内银行一般按千分之一收，最低人民币50元/笔，最高2000元/笔，外加电报费。

结算费用表格

信用证	通知行费用	除了中行国内行不收费用；中行每笔200元，修改150元，外资银行每笔手续费一般超过200元	
	国内行费用	一般为0.125%	
	进口开证	手续费0.15%，一般都超过350元	
托收	跟单托收	出口托收	一般为0.1%，超过100元
		进口托收	手续费0.1%，外加电报费
	光票托收	最低手续费50元，比率为0.1%	
电汇	汇入汇款	情况复杂，每个银行不同，特别是跨国汇款手续费颇高	
	汇出汇款	手续费0.1%，最低50元，最高2000元	

专家点评

外汇转账时，可以协议由哪一方承担银行费用，一般来说，都是汇款方承担。

外汇退汇

关键词：退汇

退汇：是指解付以前的撤销。即在汇款过程中，汇款双方（任意一方）由于各自的原因，在汇款完成以前，按照法定规定程序，取消原汇款。

汇款人因故对汇出的款项要求退汇。如果汇款是直接汇给收款单位的存款账户入账的，退汇由汇出单位自行联系，银行不予介入。如果汇款不是直接汇往收款单位存款账户入账的，由汇款单位备公函或持本人身份证件连同原信、电汇凭证回单交汇出行申请退汇，由汇出银行通知汇入银行，经汇入银行查实汇款确未解付，方可办理退汇。如果汇入银行接到退汇通知前，汇款已经解付收款人账户或被支取，则由汇款人与收款人自行联系退款手续。如果汇款被收款单位拒绝接受的，由汇入银行立即办理退汇。

汇款超过两个月，收款人尚未在汇入银行办理取款手续；或在规定期限内汇入银行已寄出通知，但由于收款人地址迁移或其他原

> **经典示例**
>
> 收到一张凭证，附言里没有任何指示，询问收款人后说是一年前的一笔境外汇出汇款，现收款人按照原汇路退回当时的款项。因为时限已经超过两个月，所以出纳应该拿该凭证到银行提取现金或者转账这笔外汇，并且由银行在这张凭证上加盖"退汇"字样。最后出纳需要将这张凭证背书，并且在日记账上归入特殊事务一栏目。

因致使该笔汇款无人受领时,汇入银行主动办理退汇。

汇款单位收到汇出银行寄发的注有"汇款退回已代进账"字样的退汇通知书第四联(适用于汇款人申请退汇)或者由汇入银行加盖"退汇"字样、汇出银行加盖"转讫"章的特种转账贷方凭证(适用于银行主动退汇)后,即表明汇款已退回本单位账户。

出纳员在听从指令发出退汇要求或者接到退汇后,都应登记确定。

外汇退汇申报材料

已出口报关且已收汇,但未办理核销手续的,提供书面退赔外汇申请、出口合同、退赔协议及相关证明材料、加盖海关"验讫章"的核销单、加盖海关"验讫章"的报关单、出口收汇核销专用联。

已出口且已办理核销手续的,提供出口合同、退赔协议及相关证明材料、核销单退税专用联正本或税务部门出具的未退税(或已补税)证明。

境外将货款错汇入境内未核销的,提供情况说明、外方要求退汇函件、核销专用联或银行出具的收汇凭证。

专家点评

未出口报关但已预收全部或部分货款后因故终止执行合同的,提供书面退赔外汇申请、出口合同、终止执行合同证明或退赔协议、出口收汇核销专用联或银行出具的收汇凭证。

外汇收支情况表的编制

关键词：外汇收支情况表　外汇平衡

- **外汇收支情况表**：格式与资产负债表的格式相同，记录全部外汇资金的流入与流出情况的表格。

  外汇平衡：在国际市场上，所有的国际贸易最终让外汇收入和支出趋于平衡。

外汇的收支情况通过外汇收支情况表来具体体现。是基于国际收支平衡表的编制原理来编制的，其格式与资产负债表的格式相同，记录全部外汇资金的流入与流出。在外汇收支情况表上，所有的交易金额均按照实际发生的货币金额来记录，不会考虑在实际交易过程中的真实标价以及折旧和摊销情况所造成的差额。

外汇收支情况表的审核一般是会计师受企业委托，对其外汇收支情况表是否符合国家外汇管理的规范规定，予以审核并给予审计意见。注册会计师在审核过程中，以中国注会协会颁布的《外汇收支情况表审核指导意见》为标准。

经典示例

某中外合资房地产开发企业，外商投入资本共计800万美元，其中，固定资产120万美元，货币资金680万美元，投资比例为40%。公司运营后，外币陆续用于调剂，兑换为人民币。开发的商品房基本在国内销售。2002年度末有关外币资产及负债为：美元存款1,450美元，其他应付款120,000美元，未分配利润376,000美元，历年外汇存款利息收入6,500美元。

外汇收支情况表的部分平衡关系

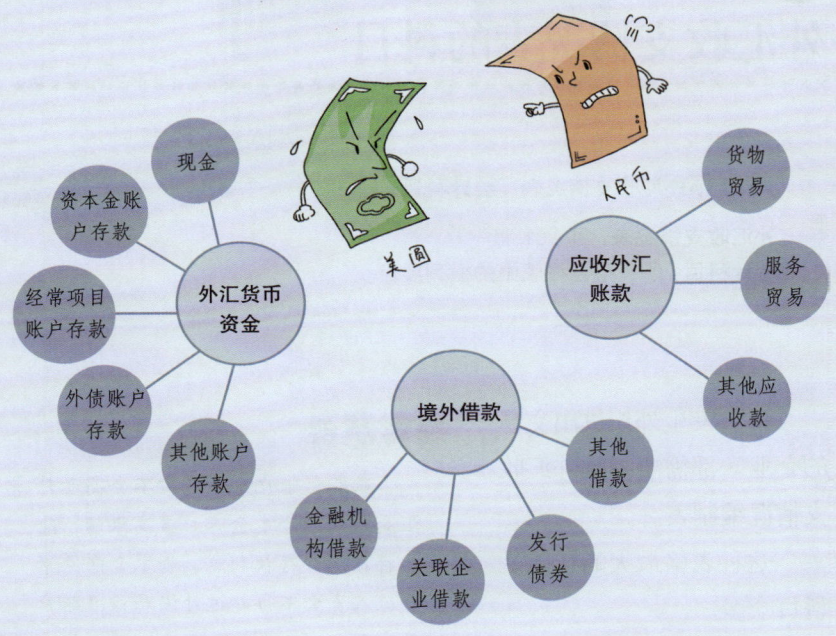

2005年之前，外汇收支情况表是不包括在企业的会计报表和财务报告中的。自2005年1月15日之后，才将包括外汇收支情况表在内的资产负债表、损益表、现金流量表，外汇收支情况表审核报告等，全部纳入会计报表和年度财务报告之中。

外汇收支情况表审核报告包括四种类型，分别是无保留意见、保留意见、否定意见和无法表示意见。

外汇收支情况表的货币计量单位为美元，对于非美元的资金交易要按照人民币兑美元的中间汇率折算后编制入表。

外汇收支情况表的科目

关键词：外汇收支情况表　会计科目

外汇收支情况表：见 161 页
会计科目：所有财会报表中的横列项目。

所有发生外汇进出交易的企业，都需要编制外汇收支情况编制表。

这种表格最大的特点是科目众多。

"外汇货币资金"科目主要是对货物、服务和其他应收外汇账款进行分类反映。

"预付外汇账款"科目反映外商投资企业因进

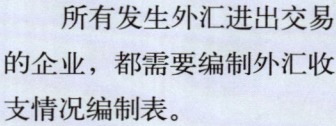

经典示例

资本金账户存款通常不会高于外汇局核定的资本金开户最高限额，除非存在少许存款利息。资本金账户累计流入资金不得超过外汇局核准账户最高限额的1%，且绝对数额不超过等值3万美元（以入账当天的汇率计算）。可以根据实收境内外外汇资本、结购汇差额、经常项目差额等科目分析计算填列。

口业务等而产生的预付款项，包括法规允许的与境内企业经济交易而产生的预付款。"应付外汇账款"有借方余额的在该科目反映。

"资产"科目反映外商投资企业境内外投资，或者投资性外商投资企业境内外汇投资收取的被投资企业已宣告分配的现金股利。该科目应根据境外投资、境内外汇投资分析填列。

"无形资产"科目反映外商投资企业以现汇、实物、无形资产和股权等对境外投资，不管投资是否取得控股地位，均以成本法核算。

"所有者权益"科目反映外商投资企业以境内合法所得外汇投资，投资性外商投资企业在境内投资（包括所获得的人民币，利润、清算、股权转让、先行收回投资和减资所得），同样也是采用成本法核算，填报方法同境外投资。

"外汇折算"科目反映外商投资企业以外币计价，但是以非外汇资金结算交易的余额。借方表示非外汇形式资产的增加，贷方表示非外汇形式资产的减少。

以非美元币种计价的经济交易按照发生时中国人民银行公布的外汇汇率折算为美元记录，在年末，再根据中国人民银行参检年度12月31日公布的外汇汇率进行调整，调整差额计入本科目。

外汇收支情况表如果出现误差，在最后还要加上其他科目，用于平衡表格。

外汇收支情况表部分

编制单位：　　　　　　　　　年　月　日
组织机构代码：　　　　外汇登记证号码：
单位：

资　　产	期初数	期末数
外汇货币资金		
现金		
资本金账户存款		
经常项目账户存款		
外债账户存款		
其他账户存款		
应收外汇账款		
其中：应收境内账款		
货物贸易		
服务贸易		
其他应付款		
预付外汇账款		
应收外汇股利		
其中：应收境内股利		
境外投资		
其中：固定资产		
无形资产		
境内外汇投资		
非外汇形式资产		
人民币		
固定资产		
无形资产		
资本对价转移		
单方面资本转移		
其他		
结购汇差额		
汇率折算差额		
其他资产		
合　　计		

专家点评

"负债和经常项目差额合计"可以为零或者负数，对应的"资产合计"也可以为零或者负数。

进口付汇核销报审流程

关键词：进口　进口付汇核销

进口：支出外汇，从外国或者国外地区进口商品和服务。
进口付汇核销：进口付汇核销是为进口付汇制定的有关职责、流程、服务监督机制和制度改革条例等。

根据《进口付汇核销监管暂行办法》规定，进口单位"应当在有关货物进口报关后一个月内向外汇局办理核销报审手续"。在办理手续时，企业必须提供下列凭证：

经典示例

企业在办理进口付汇备案业务时应根据不同的备案情况，对应提供上述单据，并按照下列要求完成备案手续：企业应提前三个工作日将有关单据交外汇局核销业务人员初审；初审无误，审核人员将单据报送主管领导审批；出纳和单位领导都需要在三天内完成后续工作。

（1）进口付汇核销单（如核销单上的结算方式为"货到付款"，则报关单号栏不得为空）。

（2）进口付汇备案表（如核销单付汇原因为"正常付汇"，企业可不提供该单据）。

（3）进口货物报关单正本（如核销单上的结算方式为"货到付汇"，企业可不提供该单据）。

（4）进口付汇到货核销表（一式两份，均为打印件并加盖公

进口付费核销流程

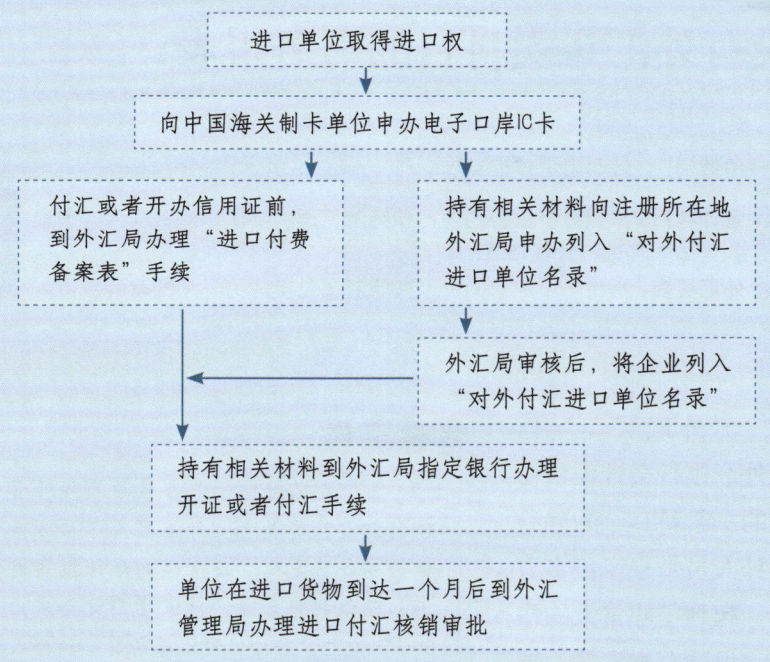

司章)。

(5) 结汇水单及收账通知单(如核销单付汇原因不为"境外工程使用物资"及"转口贸易",企业可不提供该单据)。

(6) 外汇局要求提供的其他凭证、文件。

准备好所有的文件后,企业就可以按照程序进行进口付费核销了。

审批通过后,企业会接到审核人员通知,如果一个月内没有接到通知,则视为审批未通过。

没有外汇买卖科目的财务报表

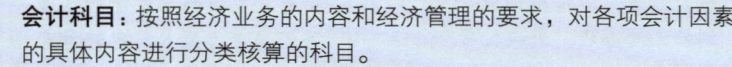

关键词：会计科目　外汇买卖

会计科目：按照经济业务的内容和经济管理的要求，对各项会计因素的具体内容进行分类核算的科目。

外汇买卖：指将一个国家的货币按照汇率兑换成另一个国家的货币。

"外汇买卖"作为外汇银行会计经常使用的一个科目，的确给会计人员带来了很多方便，起到了非常大的作用。但这个虚拟的、特殊的科目在编制会计报表时也须做特殊的处理。所以为了避免账务漏洞，尽量在报表中不要出现外汇买卖科目。

要编制一张不包括"外汇买卖"科目余额的会计报表，须分多个步骤进行。出纳需要事先编制各币种以原币种为单位的试算平衡表，按照确定的汇率将各种外币试算平衡表上各

经典示例

某外资银行由于业务性质及经营管理的需要，其美元"外汇买卖"借方余额为500万美元，若在编制会计报表时不扣除该科目余额，外汇资产就会多出500万美元，若按当时汇率折算，约合人民币4150万元，这个巨大数额的资产显然是虚增的，是不存在的。

以人民币买入100美元，当日美元外汇汇率为USD100 = CNY830，按原币记账法应作如下分录：

借：现金——美元户　　USD100
贷：外汇买卖——美元户　USD100
借：外汇买卖——人民币户CNY830
贷：现金——人民币户　CNY830

出纳处理外汇买卖

选择开户银行	在公司的基本账户开户行开办外汇账户 外资银行中外汇买卖更加方便
开户并存入外汇	以300美金为开户起点 将外汇账户和基本账户设置为关联
确定交易策略，制定交易计划	根据外汇买卖策略，定期买入卖出 比较股票市场走势，制作外汇买卖和股票买卖利润对比图
建立日常的汇市信息来源渠道	从银行、网络、市场获取外汇信息 完善公司交易信息，制作走势图

科目金额折合成本币并逐一合并，对有多个币种的"外汇买卖"科目，若借贷方方向不一致的，应取其差数填列；依照我国政府对外资银行的非现场监管政策要求，外资银行须将人民币业务数据、外汇业务数据分列填报，这种报表编制方式虽然无法将"外汇买卖"科目余额扣除，但在上报的文字分析材料中应对此进行说明；外资银行经会计师事务所审计的、对外公布的资产。

各种外币"外汇买卖"科目的外币金额按决算汇率折算为本币金额，然后将它与人民币"外汇买卖"科目余额进行比较，将其差额转入损益账户。进一步说，外币"外汇买卖"科目金额折算为本币后与人民币"外汇买卖"科目余额是相等的，且在不同的方向，因此同时去掉后也不会影响账务之间的平衡关系。

"外汇买卖"科目本身既不属于资产性质，也不属于负债性质，而是一个虚拟性质的科目，作用是让借贷关系平衡。

第8章

出纳的电算化

电算化是近年来会计出纳行业出现的新命题，也给出纳人员提出了新的要求。

所谓电算化，指的是以电子计算机为主的当代电子技术和信息技术应用到出纳会计业务上的简称。它是一个应用电子计算机作为实现手段的信息整理系统，通过自动化的数据处理，让效率低下的手工信息处理转变为高效的电子信息整理。对会计出纳业务来说，电算化是一次重大革命。

企业的信息化和出纳电算化

关键词：电算化　企业信息化

电算化：会计电算化是以电子计算机为主的当代电子信息处理技术应用于会计的简称。

企业信息化：利用计算机、网络和通讯技术，支持企业产品的研发、生产、销售、服务等诸多环节，实现信息采集、加工和管理的系统化、网络化、集成化，信息流通的高效化和实时化。

会计电算化是以电子计算机代替手工记账、算账、报账以及部分代替人脑完成的对会计信息的分析、预测、决策的全过程。

会计电算化能减轻财会人员的劳动强度，为会计工作节省大量的人力、财力和时间。

经典示例

30年前，一个合格的出纳参加考试时，所需要考核的项目主要有笔迹、算盘、账页制作等。而今天，一个合格的出纳需要熟练操作电脑，会使用各种软件，会使用打印机、碎纸机等，而起码有一半的新入行出纳不知道如何使用算盘了。

同时，也由于会计电算化计算手段和会计管理决策手段的现代化既提高了会计信息收集、整理、传输、反馈的速度和准确度，也提高了会计的分析决策能力，使会计工作能更好地满足企业管理的实际需要。

企业信息化不仅是信息技术的延伸，更重要的应该是企业管理与组织管理的延伸，它已成为现代企业的一个重要标志和衡量企业综合实力的重要组成部分。

信息技术正在改变着社会这一职业的传统,并且重新定义着社会会计工作。

同时,各种新思想和新技术的出现也在改变着会计管理的内容和会计人员的工作。会计人员的工作正在由会计核算转向为企业管理提供更专业化、更有效的咨询服务,以及提供高质量的会计信息。

通过会计电算化许多企业第一次将计算机技术应用于管理且从中获益,企业也培养了一大批既精通会计业务,又懂计算机的人才。

会计电算化资格证书

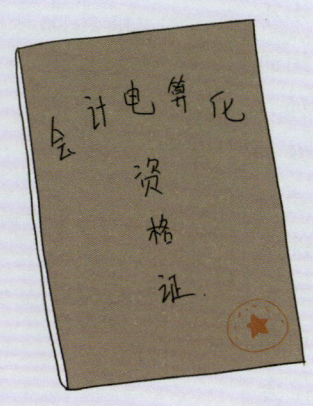

专家点评

会计电算化和企业信息化相互影响。企业信息化促进会计电算化的发展;会计电算化要跟上时代发展的要求,是企业信息化全面实现的保障。

会计软件的选择

关键词：软件　硬件

软件： 一系列按照特定顺序组织的计算机数据和指令的集合。

硬件： 由许多不同功能模块化的部件组合而成的，并在软件的配合下完成输入、处理、储存和输出等4个操作步骤计算机设备。

大型企业可以根据自己的需要自行开发或委托外单位开发会计软件，而中小企业的最好选择则是使用通用的出纳软件，不管哪种方式，都必须符合财政部发布的《会计核算软件基本功能规范》的要求。不过，选择商品化会计软件是最重要的途径，它们的功能和适用的环境也不同，选用商品化会计软件是企事业单位实现会计电算化的一条主要途径。由于商品化会计软件比较多，分别适用于不同的行业和运行环境，其功能和性能也各具特色，所以在选择的时候要考虑是否能满足下述要求：

第一，公司财务制度的需要。根据行业不同，电算化软件可以分为工业版、商品流通版、行政事业版等，先根据行业选择自己行

经典示例

2001年5月18日，用友软件股份有限公司成功在上海证券交易所发行上市（股票简称：用友软件；股票代码：600588）。用友公司是亚太本土最大的管理软件、ERP软件、集团管理软件、人事内部审计软件等的服务提供商，也是中国领先的企业云服务、医疗卫生信息化、管理咨询及管理信息化人才培训提供商。

业的会计软件。

第二，会计核算与会计管理的需要。会计软件所提供的功能必须满足本单位具体会计业务和管理的需要，特别是一些企业有特殊的需求，例如外币核算、自动汇兑损益、部门管理、项目管理等。

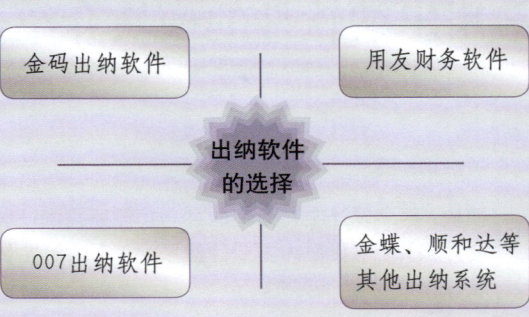

常见的出纳软件

- 金码出纳软件
- 用友财务软件
- 007出纳软件
- 金蝶、顺和达等其他出纳系统

出纳软件的选择

第三，软件本身的操作性、稳定性和安全可靠性。软件的操作性强调的是软件的操作界面是否简单清楚，是否利于使用者上手或者使用者之间交接。会计软件的安全、可靠性是指，会计软件防止会计信息被泄漏和破坏的能力，以及防错、查错和纠错的能力。稳定性指的是，是否在使用中容易出现错误的现象。

第四，软件的计算机硬件和软件环境需要。如果软件的硬件要求过高则影响软件的实用性，而软件环境要求过高则会对其他业务造成困扰。

第五，软件售后服务质量。如果软件运行中出现什么事故，售后服务跟不上就让这些软件变成一次性用品。

专家点评

国内最常使用的会计软件是用友，其次是金蝶。

常用出纳软件的模块介绍

关键词：模块　会计核算

模块：程序设计中，为完成某一功能所需的一段程序或子程序。

会计核算：以货币为主要计量尺度，对会计主体的资金运动进行的反映，也成为会计反映。

所有的会计核算软件的功能模块都是相同的，主要有以下几部分：

账务处理模块。账务处理模块主要是以会计凭证为原始数据，按会计科目，统计指标体系对记账凭证所载的经济内容进行记录、分类等。

报表处理模块。报表处理模块是按国家统一的会计制度规定，根据会计资料而编制会计报表，向公司管理者和政府部门提供财务报告。会计报表按其汇编范围可分为个别报表、汇总报表以及合并报表。

固定资产核算模块。此模块主要是根据财务制度的规定，建立固定资产卡片，确定固定资产计提折旧的系数、方法，录入固定

经典示例

北京用友审计软件有限公司是国内审计信息化领域技术能力最强、产品线最丰富、行业覆盖最广、成功应用最多、服务网络最健全的厂商，是中国审计软件第一品牌。已推出集审计监控预警、审计管理、在线作业于一体，覆盖审计全过程的审计信息系统。基本上我国的一流企业都在使用该软件进行审计。

第8章 出纳的电算化

资产增减变动情况，汇总计算固定资产原值、累计折旧及净值。按预先设计自动编制转账分录，完成转账的记录，打印输出固定资产明细账和资料卡片，详细反映固定资产价值状况。

工资核算模块。工资核算模块以计提

会计软件的模块组成

报表处理模块	①报表定义　②报表计算　③报表汇总 ④报表查询　⑤报表输出
工资核算模块	①设计工资项目及项目计算公式 ②录入职工工资基础资料 ③增减变动及修改 ④计算汇总　⑤查询　⑥打印输出
固定资产核算模块	①建立固定资产卡片 ②建立固定资产账簿 ③录入固定资产变动情况 ④计提固定资产折旧 ⑤汇总计算　⑥查询及打印输出 ⑦编制转账凭证
账务处理模块	①账务初始建账 ②凭证处理输入、审核、汇总 ③查询　④对账　⑤结账 ⑥打印输出　⑦其他辅助功能
其他模块	存货核算　成本核算系统 应收应付款核算　销售核算和财务分析

发放职工个人工资的原始数据为基础，计算职工工资，处理工资核算。

除了上述四个共同模块外，还可以根据公司行业需求，在会计核算软件上加上存货核算，成本核算系统，应收应付账款核算、销售核算和财务分析等模块。

专家点评　电算化条件下，影响最大的就是财务报表的输出。利用现代技术，出纳很容易就可以多输出一份账目——用来私藏。

常见的出纳软件

关键词：用友　财务管理软件

用友：用友软件股份有限公司成立于1988年，是亚太地区最大的软件公司。

财务管理软件：以会计业务为基础，结合会计电算化，能满足一些财务操作需求的管理软件。

我国目前出纳软件很多，从中选择适用的需要从以下三个方面考虑：

一是要考虑是否有报表自定义功能。不少财务管理软件，其财务报表格式都是固定的，特别是其字体很小，只要看过财务部门报表的人都知道，报表上的字是密密麻麻的，阅读者看久了眼睛会很累。因此，报表上的字体要能够调整。

经典示例

张大力，某企业的IT负责人，最近很烦恼。原来，企业财务总监李英交给其一项重要任务，让他为企业选择一款合适的财务管理软件。

但是，大力平时很少跟财务部门打交道，不熟悉财务操作，不知道如何下手。

通过多方比对，他最终找到了用友。

在财务管理软件中，虽然现成的报表符合国家法律的规定，但是，并不一定符合管理者的使用习惯。而且财务报表在很大范围内都是给财务总监、总经理等高层领导看的，财务人员不能够要求他们来适应自己。为此，财务软件除了要能够提供国家标准的报表

常用出纳软件比较

- **007 出纳软件**：最好用、最专业的、最智能、最符合会计法相关要求
- **金码出纳软件**：有独到之处
- **用友软件**：专业而且智能，适合各种行业单位出纳工作的需要
- **金蝶软件**：易学易用，界面美观
- **顺和达出纳系统**：向导式操作，可快速熟悉

格式之外，还需要能够对报表进行自定义，以满足管理层的特殊需求。

三是要考查对表格软件的支持能力。财务人员在日常工作中，往往还需要从系统中导出一些数据给其他部门使用。例如，会计每个月初都会导出一份应收账款余额表给销售人员，作为他们追踪应收账款的依据。为了销售人员工作的方便，往往需要把应收账款明细按客户进行分类汇总，一个客户一个页签。

对初学者和安全性来说，用友软件是最适合的。

专家点评：对中小企业来说，不需要专门购买会计软件，网上通用的就可以——不过，出纳和会计的电脑不可接入互联网，谨防网络风险。

用友软件的安装和使用

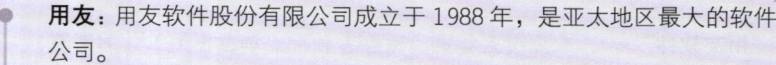

关键词：用友　系统补丁

用友：用友软件股份有限公司成立于1988年，是亚太地区最大的软件公司。

系统补丁：所有系统发布后在实际使用中都会出现漏洞，所以需要一些小程序对漏洞进行弥补，就是系统补丁。

出纳在接手任何一个单位的工作时，都需要根据自己的需要，来更改、安装或者确定出纳软件。和普通的程序不同，出纳软件安装比较严格，此处以用友为例进行说明。

计算机名称一定不要包含"汉字"和"－"等特殊符号，因为SQL数据库在查询时会不认识这些符号，导致软件报错，具体体现在几个模块中：查询凭证、审核凭证、出纳签字时会报错误；查询卡片管理时会报错误；进行期初记账时会报错。

SQL数据库建议打上SP4补丁，这样除了可以有效地预防病毒之外，没有打SP3以上补丁的SQL数据库，在修改计算机名称之后会导致停止，从而用友软件也无法正常登录。

安装用友软件之前需要检查一下系统里是否安装了其他财务

经典示例

最重要的一点就是，一定要将系统的各种漏洞补丁打全，并且安装杀毒软件。很多公司直接从网上下载用友软件，安装使用后，才发现里面藏有木马。所以很多小公司反映用友有问题，都不是真正的"用友问题"，而是盗版问题。

软件,因为财务软件大部分都会使用计算机系统自带的一些文件,如果安装时覆盖了原有的系统文件,或者因为该文件版本的新旧问题,都会导致两个软件全部瘫痪。如果计算机已经安装过其他出纳软件,在卸载时未彻底清除,就容易和新软件产生冲突。已经安装过了金蝶软件,再装用友的话,两个软件就会全部瘫痪。

用友软件安装流程

1. 备份当前所有的账套数据。
2. 备份当前的UFO报表。
3. 备份修改过的打印模板。
4. 备份用友安装目录下的Admin文件夹,真正做到有备无患。
5. 询问客户系统分区中是否有重要资料,以便备份。
6. 记录要重装系统的计算机设置。
7. 重装系统,使用干净的安装模式光盘,不要为了省时间而使用Ghost版系统。
8. 安装系统过程中,计算机名称、IP地址、工作组、登录用户名均参照以前的。
9. 系统安装完毕后,先装必要驱动,主板—声卡—显卡—网卡—其他外设。
10. 装完驱动重新启动,继续安装一些必要组件:Framework、Java、IIS等。
11. 再次重启,如果一切正常,对系统进行ghost备份。
12. 先装数据库,后装用友软件,安装完毕后,按照提示,重新启动。
13. 启动之后,恢复客户的账套数据。

专家点评

在软件安装后,将以前的报表打开看一下,如以前有修改过的打印相关模板,覆盖一下,然后设置自动备份计划。

通用财务软件使用技巧

关键词：代码　财务管理软件

代码：一组由字符、符号或信号码元以离散形式表示信息的明确的规则体系。

财务管理软件：以会计业务为基础，结合会计电算化，能满足一些财务操作需求的管理软件。

会计电算化要求的工作技巧不同于传统的出纳工作技巧，在此处以用友使用为例。

代码设置技巧。首先要逐个分析总账科目下明细科目数，如"现金"可不设明细科目，"银行存款"通常以开户账号为明细科目，科目数一般不会达百个，其他的明细科目也不会超过百个，两位的代码长度应能满足需要。但"应收账款"、"应付账款"等通常以客户名和供应商名称设置明细科目，明细科目的数量较多，接近或超过100个，两位代码就不能满足要求，所以二级科目的代码长度就应设定为3位。

经典示例

一个公司的短期投资（1101）和长期投资（1401）的下级明细科目基本相同，那么在设置长期投资科目时，只需将短期投资（1101）的所有下级科目复制为长期投资（1401）的下级即可，如果需要复制携带辅助核算、数量核算和外币核算的，则在3个辅助核算前打勾即可。即使（1401）的下级科目与（1101）有不同之处，只需稍作修改，也比重新设置快捷方便。

成批复制科目。用友产品提供了成批复制下级明细科目的功能。可以将本账套或其他账套中的相似的下级科目复制给某一科目，减少重复设置的工作量，并提高正确率和一致性。

初始数据输入。如果是年中或者年末表格，可以直接设置勾连，将上期期末数额自动生成到下期表格中。

金额输入。按照会计制度的有关规定，记账凭证可以一借多贷，多借一贷，在输入完多借或多贷的分录后，输入一贷或一借分录的金额时可参照合计栏中的金额输入，省去人工计算合计的麻烦。有些商品软件还提供了自动获取金额的功能键。

总之，使用会计软件，出纳工作会轻松很多。

用友使用流程

1 设置期初 ➡ 账户管理设置/调整现金及银行期初金额

2 录入现金/银行日记账 ➡ 财务处理录入现金/银行日记账

3 现金/银行日记账过账 ➡ 录入完后月底在日记账中过账

4 现金/银行制单 ➡ 过账后才能制单生成凭证转至总账

5 现金/银行月末对账 ➡ 月末与总账对账无误以便结账

6 现金/银行月末结账 ➡ 对账结账输出

专家点评

相比于传统出纳，在电算化要求下，数字、代码、科目更加重要，如果不清楚每一个命令和代码代表什么意思，根本就无法学会使用会计软件。

电子年度账务的总结

关键词:账套 年度账

账套:独立核算的企业都有一套相互关联的账簿体系,把这样一套完整的账簿体系建立在计算机系统基础上的整体。

年度账:每个"财年"终了时建立的账务。

出纳在"财年"终了的时候,需要以账套主管的身份注册,选定账套,进入会计软件系统管理界面。在系统管理界面单击【年度账】下的【结转上年数据】,开始年度账务总结,步骤如下:

经典示例

年度账的引入操作与账套的引入操作基本一致,不同之处在于引入的是年度数据备份文件(由系统输出的年度账的备份文件,前缀名统一为uferpyer)。在输出操作的界面上选择的是具体的年度而非账套。

(1)首先要建立新年度账。

(2)其次建立新年度账后,可以执行供销链产品、资金管理、固定资产、工资系统结转上年数据的工作,这几个系统的结转不分先后顺序,可以根据需要执行。

(3)如果同时使用了采购系统、销售系统和应收应付系统,那么只有在供销链产品执行完结转上年数据后,应收应付系统才能执行;如果只使用了应收应付系统而没有使用采购系统、销售系统,则可以根据需要直接执行应收应付系统的结转工作。

（4）如果在使用成本管理系统时，使用了工资系统、固定资产系统、存货核算系统，那么只有工资系统、固定资产系统、供销链产品执行完结转工作后，才能执行结转；否则可以根据需要直接执行成本管理系统的结转工作即可。

（5）如果在使用总账系统时，使用了工资系统、固定资产系统、存货核算系统应收应付系统、资金管理系统、成本管理系统，那么只在这些系统执行完结转工作后，才能执行总账系统结转；否则可以根据需要直接执行总账系统的结转工作即可。

年度账软件处理流程

建立年度账

清空年度数据

引入和输出年度账

结转上年数据

年度账完成，需要终结旧年度账。在此举2012年年度账处理后的步骤为例：

1. demo或账套主管×××登录系统管理→选择账套→操作日期2008-12-31。

2. 年度账→建立→显示会计期间应该是2010年。

3. demo或账套主管×××登录系统管理→选择账套→操作日期2009-1-1。

4. 年度账→结转上年数据。

专家点评：大型企业中，年度账生成是一件大事，必须出纳、会计、单位负责人同时在场进入系统管理界面。

电算化中的反记账、反结账

关键词：反记账　反结账

反记账：将已经记账的凭证通过记账的反向处理，恢复到记账前的状态。

反结账：在已经结账的期间，通过取消结账的做法，解除封账，恢复到结账前的状态。

所有的出纳软件依靠的是人为设计的程序化工作流程，在日常工作中相应地会产生许多新问题，有时候难免需要进行修改，相应的修改中有"反记账"和"反结账"。

如果电算化错误属于由非正常情况导致，最好的办法就是施行"反记账"。因为，对于不甚精通计算机的会计工作人员来说，意外情况下为了保证会计数据的完整和准确，最好的方法就是干脆恢复到最初状态。

经典示例

"反结账"功能可以解除封账，"反记账"功能可以进行反向记账处理，这些做法相当于在数据库中完全擦去原来结账或记账的痕迹，恢复到结账前或记账前状态。这实际上是对账簿进行了典型的"刮擦、涂改或重新抄写"。同时，"反记账"、"反结账"给做假账提供了技术支持，便于某些会计人员要进行舞弊。对于一些初入行的电脑来说，这两个功能简直是作弊的首选工具。

第8章 出纳的电算化

可以先取消记账，把错误凭证更正保存后重新记账。

当计算机出现意外断电、病毒侵袭等非常事件，导致记账或结账过程意外中断时，出纳也可以利用这两个功能恢复到原始状态，保证账务数据真实。

虽然有利于出纳会计工作，但是事实上这两个功能还是存在很多不客观和不完善的地方。

"反记账"和"反结账"功能在实际操作过程中不是绝对安全的。最重要的是滥用"反记账、反结账"功能，不但影响财会工作的严肃性，也会造成会计信息系统本身的干扰。

实务操作反结账反记账

反结账 → 反记账 → 取消审核 → 更正 → 按照正常程序重新审核、记账结账

专家点评

《会计核算软件基本功能规范》中规定，会计软件"应当具有在计算机发生故障或者由于强行关机及其他原因引起内部和外部会计数据被破坏的情况下，利用现有数据恢复到最近状态的功能"。

实用Word技巧

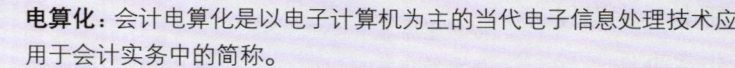

关键词：电算化　Word

电算化：会计电算化是以电子计算机为主的当代电子信息处理技术应用于会计实务中的简称。

Word：微软公司开发的文档处理功能软件，目前最常用的办公软件之一。

使用出纳软件时比较常用的Word操作技巧：

（1）快速在文末插入当前日期或时间。按Alt+Shift+D组合键来插入系统日期，而按下Alt+Shift+T组合键则插入系统当前时间。

（2）快速多次使用格式刷。双击格式刷即可将选定格式复制到多个位置，再次单击格式刷或按下Esc键即可关闭格式刷。

经典示例

审计人员在结束现场审计工作，编制审计报告时，需要输入大量的审计数据，可能会为输入数字中的小数点而在中文与英文输入法间不断调整而烦恼。应对方法：打开"工具"→"自动更正"→"自动更正"，在"替换""替换为"文本框中分别填上"．"、"."（小数点），点击"确定"，回到Word输入界面，在输入数据后输入两个"．．"，再输入数据，看看"．．"是不是变成了小数点"."。这一方法会让你在输入小数点时多输入一个"．"。

（3）快速打印多页表格标题。在表格的主题行中，选择"表格"菜单下的"标题行重复"复选框，每一页的表格就都有标题了——当然使用这个技巧的前提是表格必须是自动分页的。

(4)快速将文本提升为标题。首先将光标定位至待提升为标题的文本,当按Alt+Shift+←组合键,可把文本提升为标题,且样式为标题1,再连续按Alt+Shift+→组合键,可将标题依次往下降低。

(5)快速改变文本字号。选中文字后,按下Ctrl+Shift+>组合键,以10磅为一级快速增大所选定文字字号,而按下Ctrl+Shift+<组合键,则以10磅为一级快速减少所选定文字字号;或是按Ctrl+]组合键逐磅增大所选文字,按Ctrl+[组合键逐磅缩小所选文字。

(6)快速设置上下标注。选中所需文字,然后按下Ctrl+Shift+=组合键就可将文字设为上标,再按一次恢复;按Ctrl+=组合键可以将文字设为下标,再按一次也恢复到原始状态。

Word操作技巧展示

插入系统日期	Alt+Shift+D
插入系统当前时间	Alt+Shift+T
将选定格式复制到多个位置(单击恢复)	双击格式刷
每一页的表格就都有标题了	表格、标题行重复
把文本提升为标题(Alt+Shift+→降标题)	Alt+Shift+←
将文字设为上标,再按一次恢复(Ctrl+=为下标)	Ctrl+Shift+=

专家点评

现今,出纳人员在Word中的打字速度也是工作质量的重要考核指标。

实用PPT技巧

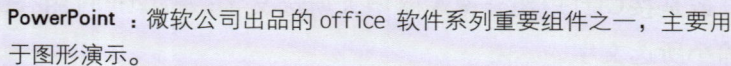

关键词:PowerPoint

PowerPoint:微软公司出品的office软件系列重要组件之一,主要用于图形演示。

虽然出纳并不常用到幻灯片,但是熟练使用PPT也是对出纳要求之一。

使用出纳软件时出纳必须掌握以下技巧。

1.临时屏蔽屏幕。在用PPT展示文件的时候,有时为了避免屏幕上的图片影响人的注意力,可以按一下"B"键使屏幕转为黑屏。再按"B"键可恢复。"W"键也有同样的功能。

经典示例

应用电子软件时,必须考虑其他人的需求。比如目前色盲最常见的就是红绿色盲。因此,为照顾这些用户,在设计幻灯片时要加以注意,尽量不要使用红绿来配色。如实在无法避免红绿同时出现,可在绿色中掺放蓝色,因为大多数的红绿色盲可以区分蓝色和红色。

2.让幻灯片自动播放。在播放时右键点击这个文稿,然后在弹出的菜单中执行"显示"命令即可,或者在打开文稿前将该文件的扩展名从"PPT"改为"PPS",再双击它即可。如此可避免了每次都要先打开这个文件才能进行播放。

3.用一张PPT展示多个图片时,使用PPT中的自动缩略图效果。新建一个演示文稿,单击"插入"菜单中的"对象"命令,选择"Microsoft PowerPoint演示文稿",在插入的演示文稿对象中插入一幅图片,将图片的大小改为演示文稿的大小,退出该对象的编辑状

PPT界面

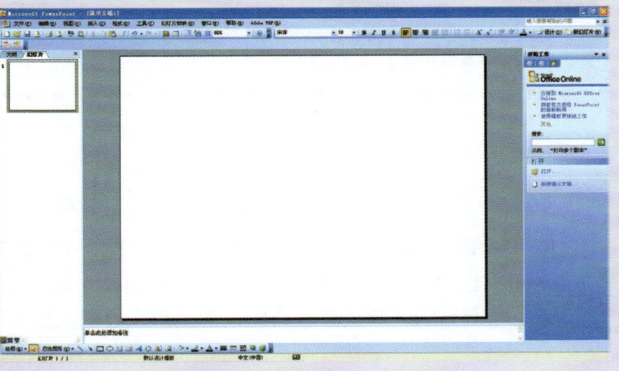

态,将它缩小到合适的大小,按F5键演示,然后复制这个插入的演示文稿对象,更改其中的图片,并排列它们之间的位置就可以了。

4. 为PPT添加公司Logo。执行"视图－母版－幻灯片母版"命令,在"幻灯片母版视图"中,将Logo放在合适的位置上,关闭母版视图返回到普通视图后,就可以看到在每一页加上了Logo,而且在普通视图上也无法改动它了。

5. 利用组合键生成内容简介(自动生成摘要目录)。用PowerPoint2003制作演示文稿时,通常都会将后面几个幻灯片的标题集合起来,把它们作为内容简介列在首张或第二张幻灯片中,让文稿看起来更加直观。最快速的方法就是先选择多张幻灯片,接着按下Alt+Shift+S即可。

操作者将PPT存为PPS格式,这样双击文件后可以直接播放幻灯片。

实用Excel技巧

关键词：电子账单　Excel

电子账单：传统的纸张账单，通过信息化的方式，转变为电子格式。
Excel：由 Microsoft 为 Windows 和 Apple Macintosh 操作系统的电脑而编写和运行的一款试算表软件，主要用于数据的处理和统计分析。

使用出纳软件时比较受用的Excel操作技巧：

1. 在制作Excel工作表时，因其既有数据又有文字，在输入时就需要在中英文之间反复切换输入法，非常麻烦。下面有一个技巧可以让Excel表格自动切换输入法：

经典示例

Microsoft 推出了它的第一款电子制表软件——Multiplan，并在 CP/M 系统上大获成功，但在 MS-DOS 系统上，Multiplan 败给了 Lotus1-2-3（一款较早的电子表格软件）。这个事件促使了 Excel 的诞生，正如 Excel 研发代号 DougKlunder 所代表的意思：做 Lotus1-2-3 能做的，并且做得更好。

新建一个Excel表格，选中需要输入中文的单元格区域。单击"数据"菜单中的"有效性"命令，在弹出的"数据有效性"对话框中选中"输入法"选项卡，在"模式"框中选择"打开"，单击"确定"按钮。

选中输入数字的单元格区域，在"数据有效性"对话框的"模式"框中选择"关闭"并单击"确定"按钮。经过这样简单设置之后，用鼠标分别在刚才设定的区域中选中单元格，中文和英文输入方式就可以相互切换了。

2．开方运算。将27开5次方，可以用这个公式，在单元格中输入＝27^(1/5)。

3．单元格中的数据分散对齐。文本格式用全角输入。

4．用0自动替代空单元格。选中需更改的区域→查找→空格→替换→0。

5．Excel中行列互换。先复制内容，进行选择性粘贴，选中转置，确定即可。

6．为Excel加密。点击菜单栏里的工具→选项→安全性，然后就可以设置密码了。

Excel表格自动切换输入法

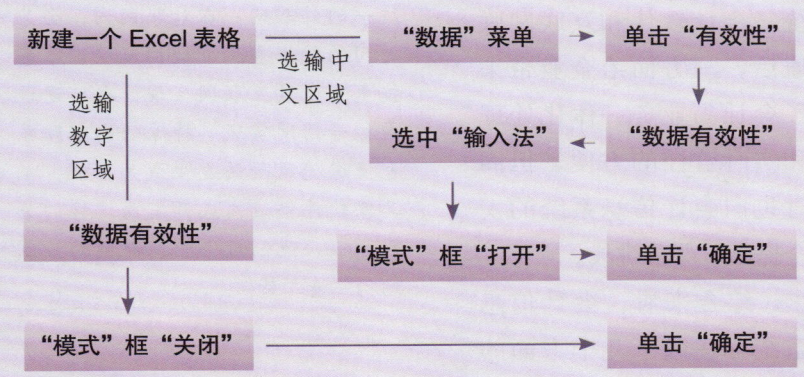

专家点评

　　Excel的容量很大，其2007版本增加到了1048576行16384列，基本上任何一家公司的财务数据都无法占满一张表格。

电算化的风险及控制

关键词：风险

风险：任何获取利润的行为都伴随着不可预知的风险。

在全球网络化的热潮中，国内外的会计（管理）软件公司纷纷推出基于互联网的会计信息系统。会计软件和互联网联通后，一方面给企业带来了会计与业务一体化处理和实时监控的方便，但同时也向会计信息系统的安全提出了严重挑战。

综合来看，会计信息系统存在以下几个方面的风险：系统故障风险；内部人员的道德风险；非法侵扰风险；系统关联方道德风险。

针对这些问题，我们可以从以下几方面来加强对会计信息系统的风险控制。

坚持系统开发的控制，定制"防护套装"。即使没有能力系统开发，也需要企业内部对会计软件进行改装。

经典示例

电算化下，盗取商业机密变得容易。在互联网环境下，为适应竞争发展需要，企业与关联方需要建立统一的外联网。在外联网内，企业之间的数据查询、数据交换、服务技术可通过互联网实现，也可通过虚拟专用网实现。特殊的内部联系也使道德风险的发生成为可能，尤其像软件供应商或开发商这样的关联方——他们对企业内联网的控制结构一清二楚。

常见的用友软件风险

建立网上公证三方牵制,开发"第三只眼睛"。

实行监控与操作分离,增强内部牵制。

拓展在线测试功能,健全漏洞监测系统。

除了软件的测试,硬件的安全也非常重要。电算化系统需要软硬件安全控制。硬件安全控制主要涉及计算机机房环境和设备的技术安全要求,应制定网络计算机机房和设备的管理制度、岗位职责和操作规程,严禁无关人员接触系统,专机专用,关键性的硬件设备可采用双系统备份;严格控制系统软件的安装与修改,对系统软件进行定期的预防性检查,系统被破坏时,要求系统软件具有紧急响应、强制备份、快速重构和快速恢复的功能。

专家点评

在古代,一家商店的核心账务基本上存于老会计的脑袋中,而现在则存在于电脑中,实际上是财会人员"退化"了。

第 9 章
如何有效管理账簿

账簿指的是在固定格式下,由相互联系的账页所组成,用以全面、系统、连续记录各项经济业务的簿籍,是编制财务报表的依据,也是保存会计资料的重要工具。

在企业财务的管理工作中,出纳需要完成设置、记录、管理和保存账簿的工作,而了解一个企业的财务现状,最直接的就是从账簿入手,其他机关或者上级单位对企业财务的监督执行所需要的最直接资料也是账簿。所以,对出纳来说,处理账簿是最基本工作。

出纳和账簿管理

关键词:账簿 账簿管理

账簿:是指具有一定格式并相互联系的账页组成的,用于全面、连续反映企业经济业务内容的簿册。

账簿管理:分平时保管和归档保管两种,平时保管是指出纳人员在日常工作中对账簿的维护,归档保管是指在年度终了时,将各种账簿装订成册、编号并归档保管。

账簿在经济生活中有着巨大的作用,不仅仅对过去的历史是一种机械的记载,而是通过三方面的影响为企业的发展提供一个详实的数据平台:账簿能够全面、系统、连续地反映经济业务,提供总括和明细指标,能够反映企业财产状况及其变化,有助于加强经济核算,作为编制会计报表的依据,作为进行会计分析和会计检查的依据。

出纳是账簿的第一手会计信息的收集者,需要为企业管理部门提供系统、完整的会计信息,为编制会计报表提供资料,让会计检查和会计分析得以顺利进行。

经典示例

有这么一个民间故事,曾经有一家老字号全部有一个老家人支撑,他的脑袋就是一本账,一年只睡三天,不过这三天中对睡眠质量要求到"豌豆公主"的地步。不过等到他退休,不再承担"人形计算机"角色,就变成了一个普通的老头。大家发现他在柴火堆里都能睡着。

账簿管理

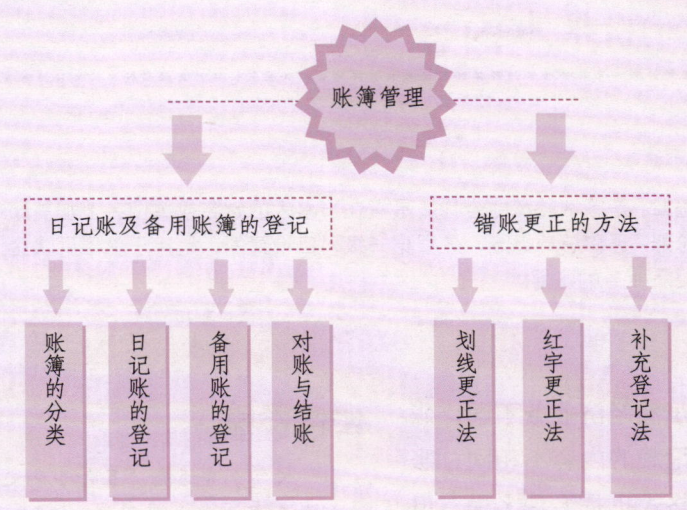

　　账簿的保管也是出纳工作内容之一。账簿的管理包括日常保管和归档保管。日常保管，即出纳人员除了负责登记账簿的工作，也保障账簿的安全性和完整性，防止遗失或被人修改内容等。归档管理，即在会计年度终了并更换新账簿之后，要对旧的账簿进行整理，活页账簿需要装订成册。将整理过的旧账簿统一编号，由会计主管人员在封口处签章，并归档保管。账簿一般由单位财务部门保管一年，期满后编制移交清册，移交档案部门保管。

专家点评　　会计算度终了时，将旧的账簿装订成册的账簿归档保管，一般由企业财会部门暂时保管一年，期满后编制移交清册，移交档案部门保管。

账簿的基本内容

关键词：签章　总账

签章：是签字盖章的合称。是指在当事人的姓名或单位名上加盖印章。
总账：也称总分类账，是根据一级科目设置的，是用于总括反映企业经济业务的账簿。

虽然经济业务不同，账簿所记载的内容不相同，账簿的格式也是多种多样。但无论什么样的账簿都应具备下列基本内容：

经典示例

文学家鲁迅在《且介亭杂文·随便翻翻》中这么谈论"账簿"，他说："譬如我们看一家的陈年账簿，每天写着'豆腐三文，青菜十文……'就知先前这几个钱就可买一天的小菜，吃够一家。"

1.封面记载账簿名称和记账单位名称。账簿和单纯的账单不一样，账单是单页码的，而且保存的时间短，而账簿需要长时间保存，所以整理成册非常重要。

2.扉页。填列账簿的启用日期和截止日期；账簿的页数、册次；会计主管人员签章；其他对账簿确认人员的签章、签字；账户目录等。扉页上的签章必须在账簿启用时填写，其他如页数、日期等可以在账簿装订成册时填写。账户目录是为了查账和对账方便而设立的栏目，一般来说是每月的账目抽取一个目录，最后总账做一个目录。

3.账页。账簿的主体构成，根据企业的业务情况，出纳或者会计每天或者每笔业务发生后，往上填写的内容。

账簿的其他内容都是相同的，但是因为反映经济业务内容的不同，账页有着不同的格式，可以分为三栏式、数量金额式等，但是基本内容都得包括：

1. 账户的名称，这一页账是总账、明细账还是二级账目。
2. 登账日期栏，登记账务记载日期，而不是业务发生日期。
3. 凭证种类和编号栏，交易发生时的凭证是支票、现金还是赊欠，这一页账在总账簿中的编号。
4. 摘要栏，经济业务内容的简要说明和备注。
5. 金额栏，经济业务的数据增减，必须用大写汉字填写。
6. 总页次和分户页次。

账簿封面示意图

专家点评

出纳是账簿的"生产者"，所以必须根据企业的需要填写账簿，既要让旁观者清楚，也要保护企业机密，让旁观者"糊涂"。

账簿的种类

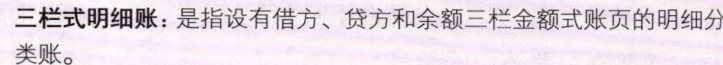

> **关键词：三栏式明细账　账簿**
>
> **三栏式明细账：** 是指设有借方、贷方和余额三栏金额式账页的明细分类账。
>
> **账簿：** 见194页。

账簿的样式不同，填写的方式不同，而查账、对账、结账的技巧也不同，所以出纳在做账之前，就必须清楚自己该选择什么样的账簿，或者接受的账簿是什么种类的。账簿可以根据用途、外表形式和格式进行分成三大类，每个大类又可以分为不同的小类。

经典示例

商事账簿最初产生于古代埃及，被称为"散式账簿记"。早期商事主体编制商事账簿，仅是为自己经营活动的便利，法律上并无强制性要求，随着行会和商事联盟的发展，商事账簿制度逐渐由习惯走向法制化。

根据用途，账簿可以分为序时账簿、分类账簿和备查账簿三种。

序时账簿就是日记账，是按照经济业务发生的时间先后顺序，逐日逐笔登记经济业务的账簿。分类账簿是指对全部经济业务按照总分类账户和明细分类账户的区别进行登记的账簿，其中按照总分类账户登记的叫做总账，用来反映经济业务的总括内容，按照明细分类账户登记的账簿叫做明细账，用来反映经济业务的详细内容。

备查账簿是指对一些在序时账簿和分类账簿中不能记载或记载不全的经济业务进行补充登记的账簿,对序时账簿和分类账簿起补充作用。如委托加工材料登记簿、租入固定资产登记簿等。

账簿都具有一定的外表形式,据此可以分为订本式账簿、活页式账簿和卡片式账簿三大类。

根据账页格式的不同,账簿可以分为三栏式、多栏式和数量金额式三种,在前文中已经有介绍了。

账簿的种类

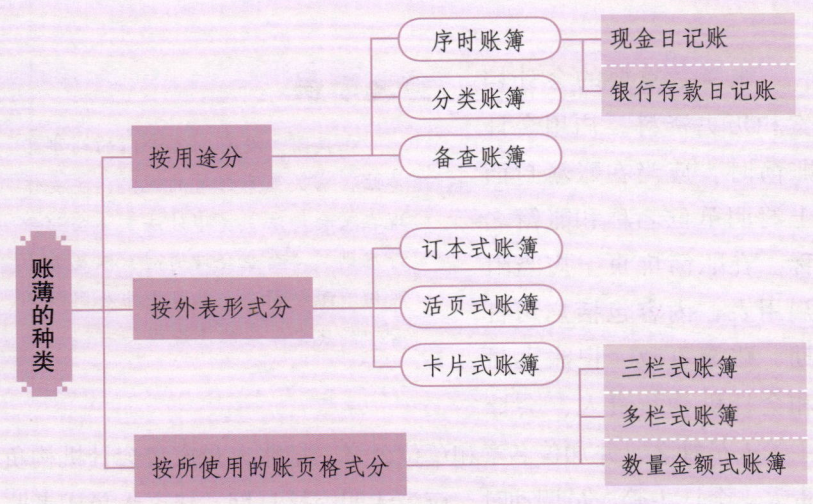

专家点评　一般来说,一个企业的账簿种类一旦选定就不会发生变化。接替工作的出纳必须在工作开始前熟悉账簿的种类。

账簿的启用

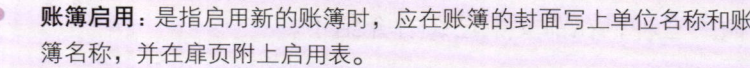

关键词:账簿启用 账簿设置

账簿启用:是指启用新的账簿时,应在账簿的封面写上单位名称和账簿名称,并在扉页附上启用表。

账簿设置:是指企业应按国家相关要求,根据自身业务特点设置适用于企业的账簿。

账簿是重要的会计档案和历史资料。启用会计账簿时,应当在账簿封面上写明单位名称和账簿名称。在账簿扉页上应当附启用表,内容包括启用日期、账簿页数、记账人员和会计机构负责人、会计主管人员姓名,并加盖名章和单位公章。记账人员或者会计机构负责人、会计主管人员调动时,应当注明交接日期、接办人员或者监交人员姓名,并由交接双方人员签名或者盖章。启用订本式账簿,应当从第一页到最后一页顺序编定页数,不得跳页、缺号。使用活页式账页,应当按账户顺序编号,并定期装订成册,装订后再按实际使用的账页顺序编定页码。在总分类账和明细分类账第一页的前面,应分别另加目录,记明每个账户的名称和页次,以便检查、登记和防止账页散失。

经典示例

在我国,没有制定专门的商事账簿法,有关商事账簿的规定,主要体现在《会计法》、《审计法》、《企业会计准则》、《企业会计通则》以及关于股份有限公司,尤其是上市公司财务管理的规定等法律法规中。

在账簿启用时,应在"账簿启用和经管人员一览表"中详细记载:单位名称、账簿编号、账簿册数、账簿页数、启用日期、加盖单位公章、经管人员(包括企业负责人、主管会计、复核和记账人员等)均应登记姓名并加盖印章。

账簿启用表的另一种需要记录的情形发生在会计人员交接的时候。记账人员调动工作或因故离职时,必须与接管人员办理交接手续,在交接记录栏内填写交接日期、交接人员和监交人员姓名,并由交接双方签字并盖章。一般会计人员办理交接手续,由会计部门负责人监交,而会计部门负责人办理交接手续,由单位负责人监交,必要时主管单位可以派人会同监交。

账簿启用表

单位名称							单位公章
账簿名称							
账簿编号							
账簿页数							
启用日期							
经管人员		接管日期			移交日期		会计主管		印花税票黏贴处
姓名	盖章	年	月	日	年	月	日	姓名	盖章	

专家点评

没有启用的账簿出纳也必须保管好,因为很多公司会在空白的账簿上印好公司名,并盖上签章等,所以空白账簿需要销毁封面才可随意支配。

登记账簿的规则

关键词：登记账簿　公章

登记账簿：根据审核无误的原始凭证及记账凭证，按照国家统一会计制度规定的会计科目，运用复式记账法将经济业务序时地、分类地登记到账簿中去。

公章：机关、团体使用的印章。

出纳在登记账簿时，必须注意以下基本要求：

1. 登记账簿必须用蓝黑色墨水钢笔书写，不得使用铅笔或圆珠笔记账。这是因为，各种账簿归档保管时间一般都在一年以上，有些关系到重要经济资料的账簿，则要长期保管，因此要求账簿记录保持清晰、耐久，以便长期查核使用，防止涂改。

2. 登记会计账簿时，应当将会计凭证的日期、编号、业务内容摘要、金额和其他有关资料逐项记入账内。登记完毕后，记账人员要在记账凭证上签名或盖章，并注明已经登账的标记（如打√等）。表示已经登记入账，以避免重复登记或漏记。

经典示例

某企业20××年12月"应付账款"明细账登记如下：

5日，向本市金属材料公司购入A材料2000千克，单价100元，货款为200000元，材料已验收入库，款项未付。

12日，以银行存款130000元，偿还前欠本市金属材料公司部分货款。

20日，签发商业承兑汇票一张，以抵付原欠本市金属材料公司货款70000元。

3.各种账簿应按页次顺序连续登记,不得跳行、隔页。如果发生跳行、隔页现象,应在空行、空页处用红色墨水划对角线注销,注明"此页空白"或"此行空白"字样,并由记账人员签章。

4.账簿中书写的文字或数字不要顶格书写,一般只应占格距的二分之一,以便留有改错的空间。

5.各账户在一张账页登记完毕结转下页时,应当结出本页合计数和余额,写在本页最后一行和下页第一行有关栏内,并在本页最后一行的"摘要"栏内注明"转次页"字样,在下一页第一行的"摘要"栏内注明"承前页"字样。

现金日记账的登记

账簿使用登记表

使用者名称					印鉴	
账簿名称						
账簿编号						
账簿页数	本账簿共计			页		
启用日期		年		月	日	
责任者	主管		会计		记账	审核
经管人姓名及接交日期	经管	年	月	日		
	交出	年	月	日		
	经管	年	月	日		
	交出	年	月	日		
	经管	年	月	日		
	交出	年	月	日		
	经管	年	月	日		
	交出	年	月	日		
备考						

专家点评

一个单位账簿登记手续、时间、地点和人员都要严格依照单位财务管理制度来办。

账簿记录错误的更正方法

关键词：错账　错账更正

错账：是指由于凭证错误或是人为失误等行为导致账簿的记录错误。

错账更正：是指发现账簿记录错误时，采用的更正过程和方法。

出纳在更正错账时主要用到以下三种方法。

划线更正法，又称红线更正法。这种方法主要适用于，在每月结账前，发现账簿记录中的文字或数字有错误，而其所依据的记账凭证没有错误，即纯属记账时笔误或计算错误，应采用划线更正法进行更正。

红字更正法，又称红字冲销法。它是用红字冲销原有记录后再予以更正的方法，主要适用于以下两种情况：

（1）根据记账凭证记账以后，发现记账凭证中的应借、应贷会计科目或记账方向有错误，而账簿记录与记账凭证是相吻合的。其更正的方法是，首先用红字金额填制一张与原错误记账凭证会计科目相反的记账凭证，并据以用红字登记入账，以冲销原错误记录；然后，再用蓝字填制一张正确的记账凭证，并据以用

> **经典示例**
>
> 如果出纳在发现最终的数据发生错误，可以用二除法进行查找。比如最后发现现金实际留存33元，而账务上是30元，那么差错就是3——这个数据不可以被2整除。所以出纳可以有意识地从前面账簿中的单数数据中寻找错误。这样基本上减少了出纳查账更正工作量。

蓝字登记入账。

（2）据记账凭证记账以后，发现记账凭证中应借、应贷会计科目和记账方向都正确，只是所记金额大于应记金额并据以登记账簿。其更正的方法是：将多记的金额用红字填制一张与原错误记账凭证的会计科目、记账方向相反的记账凭证，并据以用红字登记入账，以冲销多记金额，求得正确的金额。

采用红字更正法更正金额多记错误记录时应注意：不得以蓝字金额填制与原错误记账凭证方向相反的记账凭证去冲销原错误记录或错误金额，因为蓝字记账凭证反方向记录的会计分录反映某类经济业务，而不能反映更正错账的内容。

补充登记法，也称蓝字补记法。

更正示例图

更正时需注意：

如系 文字 写错，则可以只更正个别错字；

如系 数字 写错，则必须将错误数字全部注销，不能只更正该数字中个别错误数码。

并且必须在注销处加 盖记账人员的印章，已明确经济责任，例如：

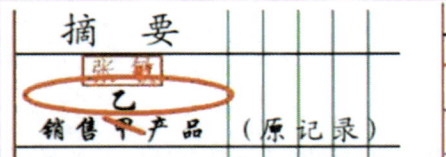 

专家点评　出纳人员发现账簿记录错误时，应根据不同情况的错误和发现的时间不同，分别采用适用的账簿更正法进行更正，各种更正方法不能混用。

对账

关键词：对账　总账

对账：是指为保证账簿记录的正确，而对账簿所记录的内容进行核对和检查。

总账：见196页。

对账就是核对账目，即在经济业务入账以后，于平时或月末、季末、年末结账之前，需要对账簿记录的内容和各项目的数据进行核对，以保证账簿所记录的内容的完整和正确，做到账证相符、账实相符、账账相符。

经典示例

2012年，安徽省的春晚小品《对账》，讲述的就是一个家庭内部对账的笑话故事，家庭内部因为小的经济问题而造成的巨大影响，最后上演了一幕啼笑皆非的喜剧。

对账的内容和方法主要有下三种：

账证核对。指各种账簿的记录与记账凭证及其所附的原始凭证相核对。

账账核对。指各种账簿之间的有关数字进行核对。主要包括：总账中各账户期末借方余额合计数与各账户期末贷方余额合计数相核对。总账与所属明细账之间的核对。总账与日记账之间的核对。会计部门各种财产物资明细账与财产物资保管或使用部门的有关财产物资明细账进行的核对。

账实核对。包括账物、账款的核对。即将各种财产物资的账面余额与实有数额进行核对。主要包括：现金日记账的余额与现金实际库存数相核对，并保证日清月结；银行存款日记账的余额与银行送来的对账单相核对，每月最少一次，并保证相符。各种应收、应付款明细账余额与有关债务、债权单位的账目相核对，并保证相符；各种材料、物资、产品明细账的余额与其实物数额相核对，并保证相符。

付款凭证

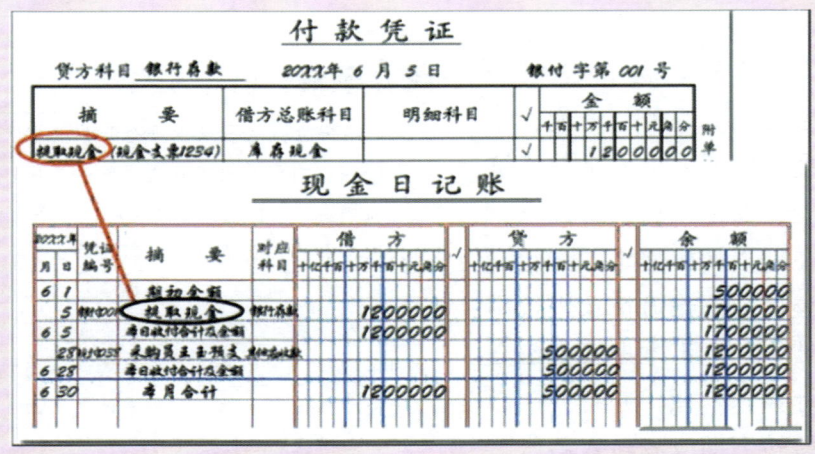

企业至少应每年进行一次对账。对账分日常核对和定期核对两种。日常核对即在出纳的日常工作中，对记录经济业务的凭证及会计分录进行核对，检查填制是否正确等。定期核对，是以一个会计期间为核对期，在月末、季末、年末结束时，结账前进行核对。

结　账

关键词：结账　结账分录

结账：按照财务制度规定，财会人员定期将确定的账务封存，此后该账务不得更改，只可启用。

结账分录：是在期末将有关账户的余额或差额结转到另一个账户而编制的转账分录。

结账，是指在把一定时期（月份、季度、年度）内所发生的全部经济业务登记入账的基础上，在期末按照规定的方法对该期内的账簿记录进行小结，结算出本期发生额合计数和余额，并将其余额结转下期或者转入新账，以及划出结账标志的程序和方法。

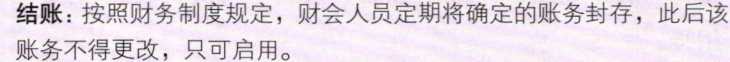

经典示例

结账时，应当结出每个账户的期末余额。需要结出当月发生额的，应当在摘要栏内注明"本月合计"字样，并在下面通栏划单红线。需要结出本年累计发生额的，应当在摘要栏内注明"本年累计"字样，并在下面通栏划单红线；12月末的"本年累计"就是全年累计发生额，全年累计发生额下应当通栏划双红线。

1. 结账前的账项调整。

2. 结账分录。所谓结账分录，是在期末将有关账户的余额或差额结转到另一个账户而编制的转账分录。

结账按结算时期不同，主要有月结、季结和年结三种。

月结时，应在本月最后一笔经济业务下面划一条通栏单红线，并在红线下的摘要栏里注明"本月合计"以及"本月发生额及余额"字样。

季结时，应在每个季度最后一个月月结下面一条通栏单红线，结出借方、贷方本期发生额以及余额。并在摘要栏注明"本季合计"、"本季度发生额"、"本季余额"字样，并划一条通栏单红线，表示本季度结束。

年结。一般是在十二月的月结下面，填写本年发生额和年末余额，并将余额结转下年，画通栏双红线，表示本年结束。

总分类账

总 分 类 账

科目名称：_____

年		凭证编号	摘要	借方							贷方							借或贷	余额							
月	日			万	千	百	十	元	角	分	万	千	百	十	元	角	分		十万	万	千	百	十	元	角	

专家点评

结账时，应结算出银行存款日记账、现金日记账、总分类账和明细分类账各个账户的本期发生额和期末余额，然后将期末余额结转下期。

常见的账簿错误

关键词：错账　错账更正

错账： 因为人为原因而造成的有错误项目的账簿。
错账更正： 当发现账簿错误时，采用各种特殊方法将其标明的过程。

会计账簿是记录和反映经济业务信息的主要载体，是经济凭证和财务报表之间的桥梁，其质量水平取决于凭证的质量，又决定了报表的质量。企事业单位会计核算的大量工作是集中并反映于会计账

> **经典示例**
>
> 从银行提取现金6800元。原记账凭证填制为：
> 　　借：库存现金 8600
> 　　贷：银行存款 8600
> 并已据此登记入账。——凭账登记两次，确保平衡。

簿之中，因此对会计账簿进行分析检查是保证会计核算的质量、分析被查单位会计工作的水平的重要方面。

账簿表现的错弊虽然存在于账簿之中，但引发错弊的原因分布于会计核算各个方面，如会计凭证错弊、实物盘点错弊、财务人员之间交接错弊、会计工作操作错误和作假等。掌握账簿分析的常见错弊，旨在提示查账人员在查账工作时注意这些类型的错误，掌握其在账簿中的表现规律，提高发现错弊的敏锐性、及时性和准确性。

出纳应该时刻牢记这些常见错误：

1. 账户设置错误。
2. 记账依据错误。
3. 账簿使用形式错误。
4. 账簿启用、交接错误。
5. 记账错误。
6. 更账错误。
7. 过账错误。
8. 结账错误。即结账截止时间错误，提前或者推迟结账；各账簿未将本期发生的所有业务登记入账；有关收益、费用和应摊销或预提的费用未按权责发生制原则按期计提或摊销后登记入账；各种收入成本费用账户未按规定在结转本年利润后登记入账。

9. 有关账簿平衡关系破坏。即出现账证不符、账账不符、账表不符、账实不符、账与其他有关资料记录不符。

10. 账簿保管错误。账簿的保管应按照会计档案管理办法进行，如未按管理要求保管就可能造成有关账簿保管不当、会计档案未建即有散失，现存账簿查找困难，或者造成损坏、残缺、腐烂或丢失。

账簿错误更正流程

1. 计算出差错的数额
2. 综合各种有关情况，确定可能出现差错的范围
3. 确定查找的线索，采用适当的方法予以差错
4. 进行错账更正

专家点评

常见的错账更正方法有划线更正法和红字冲销法。

错账查找技巧

关键词：错账　账簿更正

错账：见210页。
账簿更正：是指在登记账簿过程中或登账之后，发现账簿记录有错误时，需要进行更正。

一般情况下，如果发生了错账，应采取以下措施：先计算出差错的数额；综合各种有关情况，确定可能出现差错的范围，包括要确认错在借方还是贷方；确定查找的线索，采用适当的方法予以查错。

主要查错方法有以下几种：

(一)顺查法。顺查法是按照账务处理的顺序，原始凭证、账簿、编制会计报表全部过程，进行查找的一种方法。即首先检查记账凭证是否正确，然后将记账凭证、原始凭证同有关账簿记录一笔一笔地进行核对，最后检查有关账户的发生额和余额。

(二)逆查法。其与顺查法相反，是按照账务处理的反向顺序，

经典示例

计算机舞弊随着计算机的普及运用正在我国悄然兴起，它主要的作案手法是篡改程序、篡改输入、篡改文件和非法操作等，其作假有技术含量，且较隐蔽，不留线索，较难被发现和查处。蓝田股份股票上市后创造了一年增长360%的神话，然而2002年1月，其财会人员涉嫌虚假财报被关押。这就是典型的出纳电子舞弊案例。

顺查法

1 检查试算平衡表本身，复核试算平衡表内各栏金额合计数是否平衡；检查平衡表内各账户的期初余额加减本期发生额是否等于期末余额；核对平衡表内该账户的各栏金额是否抄写错误。

2 检查各账户的发生额及余额的计算是否正确。

3 将记账凭证、原始凭证及账簿记录逐笔核对，检查过账有无错误。

4 检查记账凭证的填制是否正确。

会计报表、账簿、原始凭证的过程，进行查找的一种方法。即先检查各有关账户的余额是否正确，然后将有关账簿按照记录的反向顺序由后向前同有关记账凭证或原始凭证进行逐笔核对，最后检查有关记账凭证的填制是否正确。

(三)抽查法。是指抽取账簿记录当中的某些部分、进行局部检查的方法。当发现账簿记录有差错，记账人员可根据差错的具体情况，从账簿中抽查部分内容，而不必核对全部内容。

(四)偶合法。是指在错账的查找中，经常使用一种方法。所谓偶合法，即根据账簿记录差错中最常见的规律，根据差错的情况来推测差错原因进而查找差错的一种查找方法。它主要用来查找带有规律性原因造成的差错。

专家点评　所有的错账查找必须以原始凭证为根本依据，否则就是无源之水。

账簿的更换

关键词：账簿的更换

账簿的更换：每个会计年度结束时，企业应将旧的账簿整理归档，启用新的会计账簿。

一般来说，会计账簿需要年度更换一次，如总分类账簿、明细分类账簿、现金日记账簿、银行存款分类账簿以及其他明细账都应每年更新。但对于债权债务明细账、备查账簿以及财务物资明细账等，由于其记录内容较多，更换时需要把账簿所列的各项记录重新抄写一遍。但是，这样做工作量太大，因此，可以连续使用账簿，不用每年需要更换。到年终结束时，只需在上年终了的下面画双线，表示上年度结束，再接着登记下一年的业务即可。

需要注意以下几点：

更换新账时，要注明各账户的年份，然后在第一行日期栏内

 经典示例

年终结账后，有期末余额的账户，应将其余额结转至下年度新账簿的相应账户中去。结转时，将有余额的账户的余额直接记入新账簿中相对应的账户中的余额栏内，不需要编制记账凭证，也不必将余额再记入本年账户的借方或贷方。下年度新开账户的第一行，填写的日期是1月1日，"摘要"栏注明"上年结转"字样，同时，将上年结转余额记入"余额"栏，并标明余额方向。

写明1月1日,在摘要栏内注明"上年结转"或"上年余额"字样,最后根据上年账簿的账户余额直接写在"余额"栏内。在此基础之上,再登记新年度所发生的相关会计事项。

总账应根据各账户经济业务的多少,合理估计各账户在新账中所需要的账页,并填写账户目录,然后据以设立账户。

对于有些有余额的明细账,如应收账款、应付账款、其他应收款、其他应付款等明细账,必须将各明细账户的余额,按照上述的方法,详细填写在新建明细账相同的明细账户下,以备清查和查阅。对于采用借贷方多栏式的应交增值税明细账,应按照有关明细项目的余额采用正确的结转方法予以结转。

错账类型及更正方法

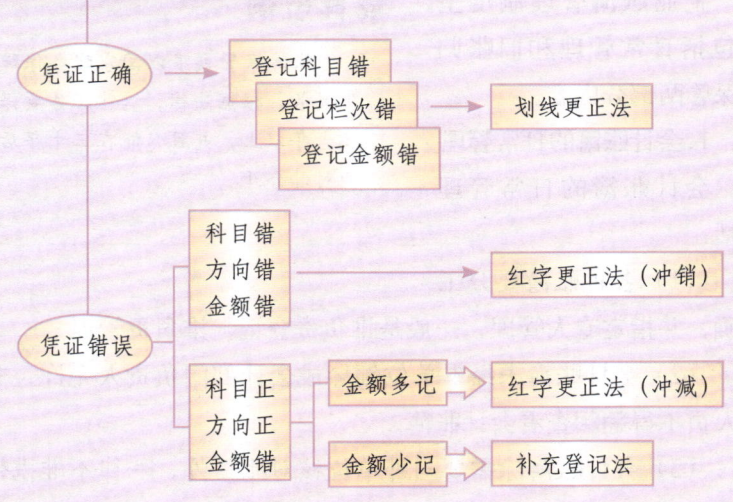

专家点评

在完成账簿的更换前,需要填写账簿更换登记凭证。在完成工作后,需要用出纳报告单加以说明。

账簿的管理制度

> 关键词：账簿管理　会计档案
>
> **账簿管理**：见194页。
> **会计档案**：包括会计凭证、会计账簿、财务报表等会计核算资料，是企业重要的经济资料。

企业账簿管理制度主要包括日常管理和旧账归档保管两部分内容。

1. 会计账簿的日常管理

会计账簿的日常管理包括：

（1）各种账簿要分工明确，并指定专人管理，一般是谁负责登记，谁负责管理。

（2）会计账簿未经本单位领导或会计部门负责人允许，非经管人员不得翻阅查看会计账簿。

（3）会计账簿除需要与外单位核对账目外，一律不准携带外出。对需要携带外出的账簿，必须经本单位领导和会计部门负责人批准，并指定专人负责，不准交给其他人员管理，以保证账簿安全，防止任意涂改账簿等现象的发生。

2. 会计账簿的归档保管

会计档案的保管包括以下内容：

经典示例

账簿保管期限以国家账务保障期限最长。根据法律，这些账务要保存三十年以上，并且只能在三十年后才能对外公开。

会计档案的内容。

会计档案的保管机构和保管人员。

3.会计档案存档办法

会计档案的保管期限,分为永久、定期两类。

各单位保存的会计档案不得借出。如有特殊需要,经本单位负责人批准,可以提供查阅或者复制,并办理登记手续。查阅或复制会计档案的人员,严禁在会计档案上涂画、拆封和抽换。

会计档案保管期满,单位负责人签署意见后,可以进行销毁。

会计账簿的保管期限

账簿	保管期限	说　　明
总账	15年	
日记总账		
备查账簿		
现金日记账	25年	
银行日记账		
固定资产卡片	5年	在固定资产清理报废后

专家点评

对于保管期满的会计账簿,需要销毁的,应由档案保管部门提交意见,经批准后才能销毁。编造销毁清册,由档案保管部门、财务部门和有关部门共同监督销毁。

出纳报告单

关键词：总账　出纳报告单

总账：见 196 页。
出纳报告单：出纳完成工作后，报告本企业一定时期现金、银行存款和有价证券等的收支和结存情况。

出纳在登记账务后，应根据现金日记账、银行存款日记账、有价证券明细账等核算资料，定期编制"出纳报告单"，以报告本企业一定时期内现金、银行存款和有价证券等的收支和结存情况，并据以与总账会计核对期末余额。

经典示例

在一个单位内部，填写出纳报告单的往往是组长类的角色，并且由其和会计进行交接，当然，一旦出纳报告单中的内容出现错误，承担责任的也是这位出纳的主管人员。

报告单的报告周期要与本企业总账会计汇总记账的周期相一致，如果本企业总账10天汇总1次，则出纳报告单也应10天汇总1次。

（1）出纳报告单的报告期可与本单位总账会计汇总记账的周期相一致，如果本单位总账10天汇总一次，则出细报告单10天编制一次。

（2）出纳报告单中"上期结存数"，是指报告期前一期期末结存数，即本期报告期前一天的账面结存金额，也是上一期出细报告单的"本期结存"数字。

（3）本期收入按账面本期合计借方数字填列。

（4）合计是上期结存与本期收入的合计数字。

（5）本期支出按账面本期贷方合计数字填列。

（6）本期结存是指本期期末账面结存数字。它等于"合计"数字减去"本期支出"数字。本期结存必须与账面实际结存数一致。

出纳报告单样式

出 纳 报 告 单
07年12月1日至07年12月31日

项目	初期余额	本月借方发生额	本月贷方发生额	期末余额
现金	1838.33	21350.00	22051.76	1136.57
银行存款	44164.12	68.37	20520.00	23715.49
合计	46002.45	21418.37	42571.76	24876.06

报告人：

出纳报告单

福建世达海运有限公司　　　　　　　　　　　日期自20　年　月　日至20　年　月　日止

项目	上期结余		笔数	本期收入		笔数	本期支出		本期结余
	金额			金额			金额		金额
	亿千百十万千百十元角分			亿千百十万千百十元角分			亿千百十万千百十元角分		亿千百十万千百十元角分
现金									
晋安建行									
光大银行									
工商银行									
招商银行									

专家点评：未经有关领导批准，不得随意泄露出纳报告的内容。在接受工商、税务、审计等部门的检查时，出纳人员不得隐瞒、篡改出纳报告单的内容。

出纳工作技巧

新的《会计法》实施以后,很多旧的知识不再适用,过去习惯的工作方法也改变,面对新情况,出纳员要不断加强业务学习,将新知识和实践相互结合,提高自身的素质和技巧,适应电算化潮流,特别是在编制报表方面,要学会熟练运用Excel电子表格。

然而,不管出纳的工作环境如何变化,一些最基本的出纳技巧不会改变,熟练掌握工作技巧,才能更加高效地工作。

珠算操作技能

关键词：算盘 珠算

算盘：中国古代使用的一种计算工具。
珠算：以算盘为工具进行数字计算的一种方法。

依靠算珠，在算盘上对数量进行的计算是纯珠算；把算珠移到大脑中进行的数量计算称为脑珠算。其实，心算、珠心算、脑珠算等属于算珠的载体，都可以称为珠算。也就是说，心算、脑珠算等都是珠算的一种功能和方式上的延伸。

经典示例

在多位数除法运算过程中，有时因估商偏小，乘减后余数仍大于或等于除数，这时不必重新计算，可用补商的方法来调整商数。方法：在原试商档加上少商的数。如在商上补加1就从余数中减去一个除数，若在商上补加2，就从余数中减去2倍除数。

珠算运算不同于其他计算方法，只有认识了珠算自身特殊性，才能把珠算用的游刃有余。其主要特点如下：

1. 以算珠靠梁表示记数开始。每颗上珠当做是五，每颗下珠当做是一，空档表示零。以档表示数位，高位在左，低位在右。

2. 在置数前，算盘上不能有任何算珠靠梁。置数时，应先由高到低（从左向右）定位，将预定数字按位逐档拨珠靠梁。

3．珠算加减从左向右进行，可边看边打，在被加数（被减数）上连加（连减）几个数，盘面就会显示结果。

4．乘除运算在盘上使用大九九口诀的加减运算。

5．珠算计算采用"五升十进制"。"五升十进制"是珠算运算中的一个规则，由于一颗上珠当做五，当下珠满五时，需用同档的一颗上珠来代替，称为五升。当一档数满十向左档进一，称为十进。

珠算口诀

减几	不退位		退 位	
减一	一去一	一上四去五	一退一还九	
减二	二去二	二上三去五	二退一还八	
减三	三去三	三上二去五	三退一还七	
减四	四去四	四上一去五	四退一还六	
减五	五去五		五退一还五	
减六	六去六		六退一还四	六退一还五去一
减七	七去七		七退一还三	七退一还五去二
减八	八去八		八退一还二	八退一还五去三
减九	九去九		九退一还一	九退一还五去四

专家点评

珠心算是将数值在脑海中变成算盘上的算珠进行计算的一种方法，又称珠算式心算或珠脑速算，它是在珠算的基础上发展而成的。

一学就会的出纳全图解

出纳书写技能

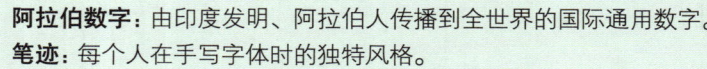

关键词：阿拉伯数字　笔迹

阿拉伯数字：由印度发明、阿拉伯人传播到全世界的国际通用数字。
笔迹：每个人在手写字体时的独特风格。

依据财政部制定的会计基础工作规范的要求，填制会计凭证，字迹必须清晰、工整，而且要符合下列规范：

1. 阿拉伯数字应一个一个地写，不得连笔写。阿拉伯金额数字前应当书写货币币种符号（如人民币符号"￥"）或者货币名称简写和币种符号。

2. 币种符号与阿拉伯金额数字之间不得留有空白。凡在阿拉伯金额数字前面写有币种符号的，数字后面不再写货币单位（如人民币"元"）。

3. 所有以元为单位（其他货币种类为货币基本单位、下同）的阿拉伯数字，除表示单价等情况外，一律在元位小数点后填写

经典示例

约公元300年，印度人发明了阿拉伯数字，但是这个时期的计数目仅仅到"3"这个数字。后来，古鳊人在此基础上发明了表达数字的1,2,3,4,5,6,7,8,9,0十个符号。公元771年，印度北部的科学家被阿拉伯军队带到大马士革，被迫传授他们数学体系的相关知识。之后，阿拉伯人把阿拉伯数字传入西班牙及欧洲地区，直到公元1200年左右，欧洲的学者正式采用了这些符号和体系。

阿拉伯小写金额数字中有"0"时的填写要求

情　景	填写要求	举例说明
阿拉伯数字中间"0"	中文大写金额要写"零"	￥101.50，应写成人民币壹佰零壹元伍角整
阿拉伯金额数字中间连续有几个"0"	汉字大写金额中可以只写一个"零"字	￥1004.56，应写成人民币壹仟零肆元伍角陆分
阿拉伯金额数字元位为"0"，或数字中间连续有几个"0"，元位也是"0"，但角位不是"0"	汉字大写金额可只写一个"零"字，也可不写"零"字	￥1680.32，汉字大写应写成人民币壹仟陆佰捌拾元叁角贰分
阿拉伯金额数字角位是"0"而分位不是"0"	汉字大写金额"元"后面应写"零"字	￥16409.02，汉字大写应写成人民币壹万陆仟肆佰零玖元零贰分

到角分，无角分的，角、分位可写"00"或符号"--"，有角无分的，分位应写"0"，不得用符号"？"代替。

除了数字需求外，对出纳来说，书写汉字时必须以蓝色或者黑色墨水笔填写，并且不可以使用简称、异体字，最好用新宋字体。

专家点评　书写每个数字排列有序，并且数字要有一定倾斜度，各数字的倾斜度要一致。出纳人员要保持个人独特字体和书写特色，以防别人模仿或涂改。

人民币鉴别技能

关键词：水印　伪钞

水印：纸币防伪技术之一，隐藏在纸币夹层中的立体线条组合。
伪钞：不是由政府机构发行的、不具备同等效力的假冒钞票。

目前各种假币多如牛毛，作为最经常和现金打交道的出纳，必须有足够的纸币真伪鉴别能力。

目前，我国使用的是第五套人民币。其安全线有微缩文字，假币仿造的文字不清晰，线条活动、易抽出；看整张票面图案是否统一，图案色彩是否鲜明、线条是否清晰、对接线是否对接完好，无留白或空隙；看正面左下角100字样，调动视线和观看角度会呈现出两种不同的颜色；毛主席头发是一根一根的是真钱，一缕一缕的是假的。

真假钞票最大的差别是水印清晰与否。真币水印生动传神，立体感强；假币水印缺乏立体感，多为线条组成，或过于清晰，或过于模糊，把人民币迎光照看，假币水印一般为浅色油墨印盖在纸币

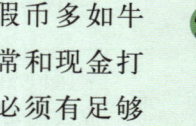

出纳人员发现疑似假币，或者无法断定货币的真假，不得进行资金的收付工作，应向持有人进行说明，然后开具临时证明，然后将货币送交银行进行专业鉴别。如果鉴定其为假币，银行工作人员会按照相应的假币处理方法进行处理；如果鉴定其为真币，银行会将其退还给原所有人，重新流通使用。银行、公安和司法部门具有假币的处理权，出纳人员不具有在假币上加盖戳记或者直接没收假币的权利。

第五套人民币

正面或背面；还有一种假币水印是将币纸揭层后，在夹层中涂上白色糊状物，再在上面压盖上水银印模。看安全线，假币的"安全线"或是用浅色油墨印成，模糊不清，或是手工夹入一条银色塑料线，容易在纸币边缘发现未经剪齐的银白色线头。

在晚上接手现金的时候，没有足够的亮度来检查水印，那么出纳可以通过手感来确定纸币真假。由于人民币采取凹版印刷，线条形成凸出纸面的油墨道，特别在盲文点、"中国人民银行"字样、第五套人民币人像部位等，用手指抚摸这些地方，有较明显的凹凸感。人像头发有纹路感。而目前收缴到的假币是使用胶版印刷，平滑、无凹凸手感。

和一般的纸张印刷不同，钞票纸张的纸浆中加入了各种特殊的原料（有部分金属），其材料挺括耐折，手感厚实，不易折断撕裂，用手抖动或手指弹动时会发出清脆的声音；假币纸张发软，偏薄，声音发闷，不耐揉折。

当然，最有效而最安全的验钞方法就是各种验钞机。对于主要工作是与钞票打交道的出纳来说，随身携带一支荧光笔是非常重要的。

专家点评

按照国家规定，假币损失由银行承担，如果发现假钞，送交银行，银行应该返回假钞的一半价值。

手工点钞技能

关键词：钞票　点钞

钞票：国家发行的货币的符号，价值等同于货币。
点钞：在接受现金后，接受者对钞票数量、质量的鉴定过程。

挑选整理好的钞票之后，就需要出纳人员进行清点数量，然后计算金额，出具正确的收付款单据。

出纳人员最基本的职业技能是手工点钞，常用的手工点钞的方法有六种：手持式单指单张点钞法、手持式单指多张点钞法、手持式四指拨动点钞法、手持式五指拨动点钞法、手按式单张点钞法、手按式双张点钞法等。

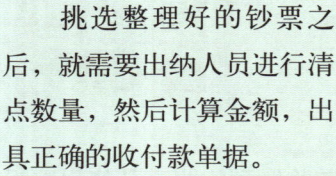

经典示例

2012年10月20日，由湖南省银行业金融机构第一届人民币知识及点钞技能竞赛（决赛）举行，29家金融机构共87名选手参赛。最后，建设银行湖南省分行的王雪艳十分钟内点钞3990张夺得冠军。平均下来，她每分钟点钞400多张，比普通的点钞机还快。

以手持式单指单张点钞法为例，点钞的过程可以分为以下四个步骤：

第一步　持钞：将钞票理齐，正面向上横放在面前。左手手心向下平放，中指和无名指自然分开，将钞票竖起从左侧夹住，食指和中指在钞票正面，无名指和小拇指在钞票背面，四指自然弯曲。

第二步 打扇面：左手拇指按压在钞票下端侧面三分之一处，向上翻转推送，将钞票推开约70°角的扇面。拇指上移，保持与钞票成45°角，将钞票弯压成瓦形。食指伸直，和拇指一起撑住钞票。

手持式单指单张点钞法

第三步 捻点：将左手所持钞票的扇面对着胸前，右手拇指和食指沾湿，食指贴在扇面背面上部外侧边缘，进行支撑固定。拇指按在钞票正面右下角，点钞时要使用拇指指尖部位，拇指和食指配合捻动。每捻过一张，右手无名指则将捻过的钞票弹拨一次。捻钞过程中，左手拇指也要配合右手动作，进行推放。

第四步 记数：捻钞的同时进行记数，记数需要心计，不要口读出声，避免造成干扰。

专家点评

点钞时要注意姿势，上身挺直，双肘放在桌面，眼睛和钞票保持一定距离。

支票的填制

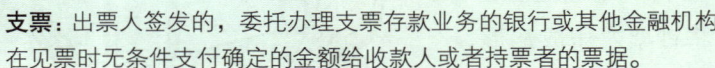

关键词：支票

支票：出票人签发的，委托办理支票存款业务的银行或其他金融机构在见票时无条件支付确定的金额给收款人或者持票者的票据。

填制支票所涉及的内容有：运用支票所进行的经济事项必须有"支票"字样；要有付款银行的名字；有出票人的签章；出票、付款的日期及地点；金额的数量；收款人或是其指定人；需标明"即期"字样，否则将视为见票即付。

经典示例

电影电视上签支票都是一挥而就，潇洒无比。可是事实上那种支票都是出纳事先将其余所有的应填项目都已经写好，我们的主角只需要写上金额大小就可以了。也就是说，主人公潇洒的背后，是出纳辛辛苦苦的工作。

支票填写常识有：

1. 支票正面不能有涂改过的痕迹，否则视为作废。

2. 支票人若发现支票内容填写不完整，可以对其进行补记，但不能涂改。

3. 支票的有效期为10天，日期首尾算一天，节假日顺延。

4. 支票见票即付，不记名。

5. 出票单位现金支票背面的印章如果模糊不清，可打叉，在旁边重新再盖。

6.若收款单位转账支票背面的印章模糊（根据票据法的规定是不能重新盖章进行补救的），收款单位可带转账支票及银行进账单到出票企业的开户银行去办理收款手续（不用付手续费），无须到出票企业重新开支票。

7.背书。现金支票收款人可写为本单位名称，此时现金支票背面"被背书人"栏内加盖本单位的财务专用章和法人章，之后收款人可凭现金支票直接到开户银行提取现金。（由于有的银行各营业点联网，所以也可到联网营业点取款，具体要看联网覆盖范围而定。）

8.数字的写法。人民币（大写）：数字大写写法：零、壹、贰、叁、肆、伍、陆、柒、捌、玖、亿、万、仟、佰、拾。例如289,546.52——贰拾捌万玖仟伍佰肆拾陆元伍角贰分。特别是万字要注意，很容易误写成带单人旁的万。

支票真假鉴定

用纸
每张支票和支票存根的用纸都是相同的

颜色
支票在紫外线和荧光灯下颜色不同

暗记
所有的支票都有密码暗记，和明码编号相配合

规格
纸张大小标准规格为100mm×175mm

规范
支票填制是否规范，签章的要素是否齐全

专家点评

支票填写不规范可能不被银行接受，造成退票，影响工作速度。

加盖印章的技巧

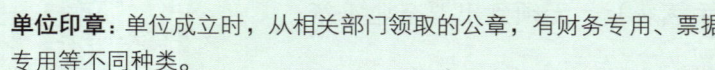

关键词：单位印章　签章

单位印章：单位成立时，从相关部门领取的公章，有财务专用、票据专用等不同种类。

签章：签名和盖章的合称。很多材料只有经过签章才是有效材料。

出纳工作中经常会使用单位的印章，有时还会接触一些企业的证照，工作中经常要盖的印章有：企业公章、发票专用章、现金专用章、转讫等。

我们都去过银行，不知你发现没有：银行的业务员盖章时，底下都垫一块胶皮。这是因为印章有量、有弹性。我们办公桌上没必要专门整块胶皮，只要用我们的鼠标垫垫在印章下面，印的时候把章用力转圈压匀，就可以非常清晰地显示印章。

现在银行识别印鉴时好多都是电脑识别，如果你感觉印的不好的话，可以把印章带在身上，到银行加盖。

当然，很多企业的制度是不允许将印章带在身上的，这时我们就需要自己辨别印章是否清晰。

经典示例

在各种票据的真假鉴定上，有重要的一点事就是印章加盖坚定。假票据往往为了逃避被鉴别，加盖都比较模糊、不清晰。而真凭票据则加盖时用力均匀，公章鲜红亮丽。

有的为了表明可靠性，还会用到凹凸效果的钢章。

签章、公章

（1）仔细查看印章边框是否清晰，确保没有缺口。

（2）观察印章内文字是否清楚，不得出现模糊不清、重影等现象。

（3）验看印章颜色是否鲜明。如果颜色较浅，应重新盖章。

专家点评

单位印章的保管和加盖必须分开，也就是说如果是出纳用的章，那么应该由会计保管，反之亦然。

表格编制技巧

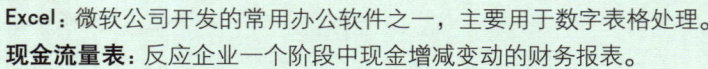

关键词：Excel 现金流量表

Excel：微软公司开发的常用办公软件之一，主要用于数字表格处理。
现金流量表：反应企业一个阶段中现金增减变动的财务报表。

出纳必须制作大量的表格。传统条件下，都是由双手来画，而在电算化条件下则要用到Excel表格。然而，即使是再发达的电算化软件，也不可能自动生成表格，这就要求出纳在熟练掌握电脑的前提下，用Excel生成表格。

经典示例

电算化带来出纳效率的飞跃，老出纳在计算总计的时候，需要用算盘一项项地加，可能需要一个小时，而新出纳用Excel中的"sum"函数，可能只需要10秒就可以得出总计结果。

此处以现金流量表的编制为例。

第一步，建立文件"现金流量表.XLS"，在工作簿内建立"资产负债表工作表"、"利润表工作表"、"附件工作表"和"现金流量表工作表"4张工作表。

第二步，根据企业实际情况完成"资产负债表工作表"和"利润表工作表"。

第三步，通过分析将现金流量表的各项转换成为易懂且便于操作的现金流量表公式。

第四步，将少量特殊业务项目用"附件工作表"列示出来，并用Excel将现金流量表相关公式链接起来。

这种编制现金流量表的方法理论性强、适用广泛，主要适合于大、中型企业的现金流量表的编制，其使用基础是手工做账，如果把这种小软件作为模板镶嵌在已有的财务软件中，更会起到意想不到的效果。

利用Excel建账就是建立出纳的会计数据库，将按照出纳软件所设计的模板数据库建立用户的数据库，相当于完成了手工方式下账本的准备工作。

不过，这种工作需要一个合格的出纳最开始设置好基础参数。基础参数设置又叫业务处理控制参数，即设置出纳业务处理过程中所使用的各种控制参数，规定业务处理控制要求。设置了参数后，就会在数据库中保存这些参数，系统会在以后使用计算机进行相应的业务处理时，根据保存的参数值，做出不同的计算、存储、统计分析处理。

Excel编制表格的优缺点

电算化表格优点
- 经济实用，节省工作时间
- 操作简单，只用掌握Excel

电算化表格缺点
- 公式的推导过程必须有足够的出纳功底
- 只有业务相对固定的企业适合这种方法

专家点评

利用Excel链接相关公式编制现金流量表的方法，是建立在分析填列法基础上，对现金流量表编制方法的一个新的探索。

出纳向会计报账

关键词：出纳人员　会计人员

出纳人员：在单位内承担现金收支、货币资金管理、银行账户管理等工作的财会人员。

会计人员：在单位内承担报表制作、财务数据汇总、财务制度管理和制定等工作的财会人员。

在财务部门独立的单位，出纳都是在会计的领导下进行工作。大部分时候，出纳都要配合会计指令进行工作，并且向会计负责，将自己的日常工作向会计移交或者报告，以便会计进行更加深入的工作。

经典示例

当一个会计年度结束后，出纳也应该按规定结转余额，然后交由单位财务档案管理部门予以管理。如果实行电算化，可能并不一定符合以上所述，但流程设计还必须符合财会精神。

一般来说，出纳需要向会计报告的工作有付款业务、收款业务、转账业务和大量凭证处理业务。

当发生一笔付款业务，应该先由会计审核原始凭证的合法合规性，再编制付款凭证，然后交由出纳办理付款事宜。出纳应该根据付款凭证要求，先登记现金日记账或者银行存款日记账，再在原始凭证上盖好付讫章，并在付款记账凭证上盖上个人名章后再行付款。

出纳员如兼任收银员，当日营业收入应该汇总填列当日收入日报表，并将银行进账单和原始单据一并交由会计审核后编制收款凭证，再据此登记现金日记账和银行存款日记账。当然如出纳员未兼任收银员，既可由会计，也可由出纳去收集收银员票据，然后按前述方法办理。其余收款业务也应由会计制作收款凭证后，出纳再登记现金日记账或银行存款日记账，并在原始凭证上加盖收讫章，会计凭证上加盖出纳个人名章。

出纳对会计负责流程

付款业务
收款业务
转账业务
大量凭证处理业务
年度账生成

转账完成后，票据必须移交给会计。

当凭证累积到一定量时，出纳应及时移交会计，移交时应编制现金、银行存款凭证交接单，注明凭证张数、收入数、支出数、余额等。双方清点签字后各执一份，留档一份，会计查看日记账后双方应在交接余额处盖上个人名章(个人意见)。然后，会计根据凭证制作汇总记账凭证，再根据汇总记账凭证登记总账，根据记账凭证或原始凭证登记明细分类账。当凭证移交后，出纳也就将责任移给了会计，所以必须保存好会计的接手凭证。

专家点评

大量凭证处理时间依据公司规定而定，有些3天，有些5天，时间不等，实行电算化的时间可能长一些。

出纳之间工作的交接

> **关键词：出纳人员**
>
> **出纳人员：** 在单位内承担现金收支、货币资金管理、银行账户管理等工作的财会人员。

为了保证交接工作的顺利进行，出纳人员在办理相关交接手续之前，应做好以下准备工作。

1. 将出纳的账目登记完整，登记终了，在最后一笔余额后要加盖名章。

2. 出纳账与现金、银行存款总账一一查对符合，现金账面余额与实际库存现金查对要相符，银行存款账面余额与银行对账单查对正确无误。

经典示例

移交人对自己已经移交的资料的合法性、真实性承担法律责任，不能因为资料已经移交而推脱责任。如发现移交人在交接前经办的出纳业务有违反财务会计制度和财经纪律的，仍应由移交人负责；交接后，移交前的未了事项，移交人仍有责任协助接交人办理。所以，接手者绝对不要轻易在接手单上签字。

3. 在出纳账启用表上填写移交日期，并加盖名章。

4. 整理应移交的各种资料，对未了事项要写出版面说明，以便接交人明了并完成。

5. 填写"移交清册"，要填写明确移交的账簿、凭证、现金、有价证券、支票簿、文件资料、印鉴和其他物品的具体名称

出纳移交清册

移交原出纳员朱XX，因工作调动，财务处已决定将出纳工作移交给金XX接管。现办理如下交接：

（一）交接日期：199X年X月X日

（二）具体业务的移交：1.库存现金：X月X日账面余额xx元，实存相符，月记账余额与总账相符。2.库存国库券：478000元，经核对无误。3.银行存款余额xxx万元，经编制"银行存款余额调节表"核对相符。

（三）移交的会计凭证、账簿、文件：
1.本年度现金日记账一本;2.本年度银行存款日记账二本;3.空白现金支票XX张(XX号至XX号);4.空白转账支票XX张(XX号至XX号);5.托收承付登记簿一本;6.付款委托书一本;7.信汇登记簿一本;8.金库暂存物品细表一份，与实物核对相符;9.银行对账单1—10月份10本;10月份未达账项说明一份;10.……………………

（四）印鉴：
1.XX公司财务处转讫印章一枚;2.XX公司财务处现金收讫印章一枚;3.XX公司财务处现金付讫印章一枚。

（五）交接前后工作责任的划分：199X年X月X日前的出纳责任事项由朱XX负责；19XX年X月X日起的出纳工作由金XX负责。以上移交事项均经交接双方认定无误。

（六）本交接书一式三份，双方各执一分，存档一份。

移交人：朱XX(签名盖章)
接管人：金XX(签名盖章)
监交人：迟XX(签名盖章)

XX公司财务处(公章)
199X年X月X日

及数量。

除此之外，如果单位已经实行会计电算化，那么负责该项的出纳人员需在移交清册中详细列出会计软件及密码、有关数据磁盘（磁带）等资料、实物内容。

专家点评 出纳员必须在划定的限期内，向接交职员移交清楚明了。接交职员应仔细按移交清册当面一一清点接收。

打印机选择

关键词：输出

输出：在财会工作中，主要指电算化软件制作好的各种材料经过确认后的打印过程。

出纳有时候还需要兼职做点文员，而且本身日常工作也需要大量的用到打印机来打印报表、报告、凭证等，可以说是单位最直接和打印机交流的人，所以必须选择一款自己合适的打印机。其选择条件如下：

一、根据参数确定。

打印列宽和复写能力是票据打印机最重要的两个指标，说其"最重要"并不是指这两个指标的技术含量最高，而是用户一旦选择错误，存在不符合实际应用的情况，会直接影响到用户的使用。其他指标，选择不合适至多是打印的质量略差一些，或者是等待的时间更长一些而已。因此，在选择时，需要对打印列宽和复写能力进行慎重选择。

此外还需要确定起适应能力、可靠性、打印速度等。

经典示例

在采购中，用户还要特别关注厂商的服务，如是否有上门服务，是否能定期回访，专业程度如何等。因为这直接关系到以后长时期的应用和使用时有无后顾之忧。我国国税局对报表打印有着严格的规范，因为打印不合格而每年退回的报表不计其数。所以，选择打印机时，确保它能打印出符合要求的纸样是最根本的。

二、售后服务质量。

三、成本价格。

打印机选择

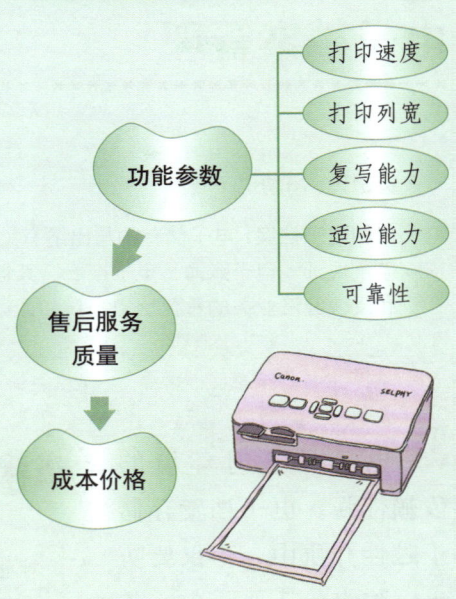

在成本上，需要提醒用户注意的是除了整机价格，耗材成本和后期的维护成本也需要精打细算。建议优先选择高品质的产品，这样不但可以减少保修期后的维护费用，也可以降低产品升级带来的追加投入。在耗材成本上，打印头和色带是极易损耗的部件，因此建议选择寿命长且设计优秀的产品。

目前，激光式打印机是办公领域的首选，主要因为其打印速度快、分辨率高、噪音低并能使网络打印。如果经常需要输出文档，它输出速度快，也能满足经常使用的作业负荷。

彩色激光打印机所拥有的专业水准、打印品质和自动双面打印功能，可为用户创造出令人赏心悦目的新闻稿、宣传手册和广告传单。网络激光打印机可以实现资源共享，进一步提高工作效率。

为减少对人体的辐射，企业应尽量选择通过 EMC 认证和 CCC 中国强制认证的产品。

电子档案管理

****

> **关键词：出纳电子档案**
>
> **出纳电子档案**：电子储存的与出纳有关的会计核算的专业材料，包括电子凭证、电子账簿、电子报表、其他电子会计核算资料等，是记录和反映经济业务的重要历史资料和证据。

电子档案对环境的依赖性强。电子档案存储于磁性介质中，不仅要防水、防火，还要防尘、防磁，而且对温度还有一定要求，这些都增加了数据的脆弱性。应加强电子数据安全方面的管理，否则数据丢失和毁损的可能性比手工会计系统要大很多。因此，电算化条件下，电子档案的保管极为重要，其制度由四部分构成：

经典示例

由于电算化实施时间不长，人们对电子档案的组成内容不甚了解，缺乏管理经验，没有建立专门的电算化会计档案保护制度，从而影响电子档案的完整性。2003年，熊猫烧香病毒最为猖獗的时候，很多公司的电子档案数据库，都因为没有备份或者备份不及时丢失或者损失，给工作带来困扰。

会计档案的出借。各类电子会计档案的出借，均必须经过会计主管审批同意并签章，假如对电子档案的操作可能危及其完整性，应制作该磁盘的复制件，使用复制件进行操作。

电子档案的备份。会计电子档案管理人员应养成数据备份的习惯。备份的同时，注明备份时间和操作员的编号；还应根据会计数据业务量的多少，定期对这些档案进行检查和备份，以防止因磁性介质的毁损而使信息丢失。需要做备份的包括系统设置文件、科目代码文件、期初余额文件、本月账务文件、报表文件及其他核算子系统的数据文件。

电子档案的格式需不断升级。随着文档技术的不断升级，作为会计电子档案，应保证不同时期数据的可识性。

定期检测。对会计电子档案进行定期检测，采用等距抽样或随机抽样的方式。

出纳电子档案管理

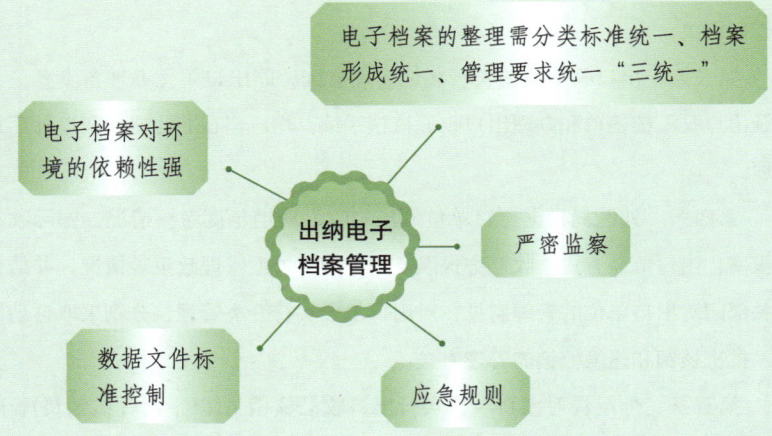

专家点评

在日常工作中，最好定时进行双备份或多备份，不能将备份数据和原件数据存放在同一地点，应将两者分别放在不同的存放地点。

附录
国家外汇管理局出口收汇核销管理办法实施细则

第一章 总 则

第一条 为切实贯彻执行国家外汇管理局2003年8月5日印发的《出口收汇核销管理办法》(汇发〔2003〕91号),严格规范出口收汇核销管理,特制定本实施细则。

第二条 国家外汇管理局及其分支局(以下简称外汇局)是出口收汇核销的管理机关。

第三条 出口收汇核销实行属地管理原则,即出口单位办理备案登记、申领出口收汇核销单和办理出口收汇核销手续,均应当在其注册所在地外汇局办理。

第四条 外汇局根据出口单位的出口收汇核销年度考核情况、国际收支申报率、出口贸易方式、收汇方式以及遵守国家外汇管理政策等情况,并结合相关部门对出口单位的管理意见,对出口单位实行分类管理,分别采取自动核销、批次核销和逐笔核销的管理方式。

第五条 外汇局对出口单位实行出口收汇核销员(以下简称核销员)管理制度,出口单位领取出口收汇核销单、办理出口收汇核销手续,均应当由本单位的核销员负责。核销员管理办法由各分局结合本地实际情况自行制定,报总局备案后执行。

第二章 出口单位备案登记

第六条 出口单位取得出口经营权后,应当到海关办理"中国电子口岸"入网手续,并到有关部门办理"中国电子口岸"企业法人IC卡和"中国电子口岸"企业操作员IC卡电子认证手续。

第七条 出口单位办理核销备案登记时,应当向外汇局提供下列材料:
……

第八条 出口单位在外汇局备案登记的电子档案信息内容发生变更时,应当在办理工商、海关等部门的变更登记手续后一个月内,持有关部门变更通知,到外汇局办理变更登记手续,外汇局需在"中国电子口岸"变更该出口单位IC卡权限。

第九条 出口单位因终止经营或被取消对外贸易经营资格的,应当在一个月内,持相关部门的有关文件到外汇局办理注销登记手续,外汇局需在"中国电子口岸"注销该出口单位IC卡权限。

第三章 出口收汇核销单管理

第十条 出口收汇核销单(以下简称"核销单")的发放实行逐级核发,专人负责制。国家外汇管理局向各分局核发核销单,各分局向所辖中心支局核发核销单,各中心支局向所辖支局核发核销单,各外汇局向所辖出口单位核发核销单。

第十一条 出口单位在到外汇局领取核销单前,应当根据业务实际需要先通过"中国电子口岸出口收汇系统"向外汇局提出领取核销单申请,然后由本单位核销员持本人"中国电子口岸"操作员IC卡及其他规定的凭证到外汇局领取核销单。

第十二条 外汇局根据出口单位申请的核销单份数和出口收汇核销考核等级向出口单位发放核销单,并将核销单电子底账数据传送至"中国电子口岸"数据中心。

第十三条 外汇局应可以根据出口单位的出口收汇核销考核等级和日常业务经营状况调整发单数量,对出口收汇核销考核中被评定为"出口收汇荣誉企业"和"出口收汇达标企业"实行按需发单,对"出口收汇风险企业"

和"出口收汇高风险企业"以及其他严重违反外汇管理规定的出口单位应控制发单。

第十四条 出口单位在领取核销单时,应当办理签领手续。空白核销单长期有效。

第十五条 出口单位在核销单正式使用前,应当加盖单位名称及组织机构代码条形章,在骑缝处加盖单位公章。

第十六条 核销单发生全额退关、填错等情况的,出口单位应当在三个月内到外汇局办理核销单注销手续。

第十七条 出口单位终止经营或被取消对外贸易经营资格或发生合并、分立的,按以下规定办理出口收汇核销业务:

......

第十八条 出口单位发生严重违反外汇管理规定行为或其他特殊情况的,外汇局可以对其已领未用的核销单实施"禁用"处理。

第四章 出口报关

第十九条 出口单位到海关报关前,应当通过"中国电子口岸出口收汇系统"向报关地海关进行核销单的口岸备案。

第二十条 出口单位填写核销单应当准确、完整,并与出口收汇报关单证明联(以下简称"报关单")上记载的有关内容一致。

第二十一条 出口单位报关时应当如实向海关申报成交方式,按成交方式申报成交价格、数量、运费、保费以及加工贸易合同协议号等内容,保证报关数据的真实性和完整性。

第二十二条 对监管方式为需要使用核销单报关出口的,海关应当审核出口单位提交的核销单和其他报关材料,并核对核销单电子底账无误后,为出口单位办理通关手续。

第二十三条 海关为出口单位办理通关手续时,应当在核销单"海关核放情况"栏加盖"验讫章",并对核销单电子底账数据进行"已用"核注,结关后应出口单位申请向出口单位签发注有核销单编号的报关单,同时将核销单电子底账的核注情况和报关单电子底账等数据通过"中国电子口岸"数据中心传送至国家外汇管理局。

第二十四条 海关签发报关单时,核销单号码和报关单号码应当一一对应。

第二十五条 出口单位在报关出口后通过"中国电子口岸出口收汇系统"将已用于出口报关的核销单向外汇局交单。

第五章 出口收汇

第二十六条 货物出口后,出口单位应当按照出口合同约定的收汇时间和方式以及报关单注明的成交总价,及时、足额地收回货款。即期收汇项下应当在货物报关出口后180天内收汇,远期收汇项下应在远期备案的收汇期限内收汇。

第二十七条 对于下列外汇的结汇或入账,银行可以向出口单位出具出口收汇核销专用联(以下简称"核销专用联"):

……

第二十八条 对于下列外汇的结汇或入账,银行不得为出口单位出具核销专用联:

(一)除第二十七条规定以外的出口收汇以及暂时无法确定为出口收汇的。

(二)除第二十七条规定外从境内其他单位外汇账户或者从同一单位经常项目和资本项目外汇账户划转来的外汇。

(三)其他外汇局规定不得出具核销专用联的。

第二十九条 银行在出具核销专用联时,应当与银行留存联、收款人记账联的业务内容一致。核销专用联应当具有以下要素:

……

第三十条　银行应当事先将核销专用联格式及印模报所在地外汇局备案。若格式或印模发生变动，应当在使用前到外汇局变更备案。

第三十一条　出口单位的出口收汇为不需国际收支申报且按规定可以出具核销专用联的，银行应当在核销专用联上编写核销收汇专用号码，并注明相应的收汇资金来源。核销收汇专用号码共22位，前6位为地区标识码；随后6位为银行标识码及顺序码；再后6位为该笔出口收汇的收汇日期；最后4位为该银行当日业务流水码。

第三十二条　银行出具的核销专用联上必须注明涉外收入申报单号码或核销收汇专用号码，否则，外汇局不得凭以为出口单位办理出口收汇核销手续。

第三十三条　对多次出口一次收汇的，银行应当要求出口单位提供该笔收汇所对应的核销单编号，并在核销专用联上注明。一次出口收汇只能出具一张核销专用联，不得分次出具。对于一次收汇中含预收货款和尾款的，银行需填写尾款所对应的核销单号码，并在核销专用联上注明"含预收货款"，待出口单位实际出口后到银行补填核销单号码并加盖银行业务公章及业务员签章。对于单笔预收货款，银行应当在按规定为出口单位办理结汇或入账并确认出口单位有贸易出口(提供核销单号)后，为出口单位出具核销专用联。

第三十四条　对于在结汇或入账后银行已经出具了核销专用联，出口单位需要调整账户或冲销错账的，银行应当将已经签发的核销专用联收回注销。

第三十五条　代理出口项下，若代理方和委托方均有经常项目外汇账户，需要将外汇原币划转委托方时，银行应当将所收外汇全部进入代理方的经常项目外汇账户，并向代理方出具核销专用联，代理方再按有关规定办理外汇划转；若代理方没有经常项目外汇账户，银行应当将所收外汇结汇，并向代理方出具核销专用联，代理方将人民币划给委托方。

第六章　出口单位核销报告

第三十六条　出口单位出口货物后，应当在预计收汇日期起30天内，持规定的核销凭证集中或逐笔向外汇局进行出口收汇核销报告。实行自动核销的出口单位,除特殊情况外,无须向外汇局进行核销报告。

外汇局可以根据本地区出口收汇核销业务量以及出口单位的具体情况,实行出口收汇核销报告表制度,或者实行出口收汇核销报告电子化管理。

第三十七条 对预计收汇日期超过报关日期180天以上(含180天)的,出口单位应当在货物出口报关后60天内凭远期备案书面申请、远期收汇出口合同或协议、核销单、报关单及其他相关材料向外汇局办理远期收汇备案。

第三十八条 出口单位进行出口收汇核销报告时,应当按照下列规定提供核销凭证:

……

第三十九条 因专营商品、更改合同条款或经批准的总、分(子)公司关系等发生收汇单位与核销单位不一致时,收汇单位可以向外汇局申请,经批准后办理"境外收汇过户"手续以便出口单位办理核销,报告时应当提供境外收汇过户申请书、相关协议、出口合同、核销单、报关单、核销专用联及其他相关资料。

第四十条 出口单位进行出口收汇核销报告时,如所属外汇局实行出口收汇核销报告表制度,除提供第三十八条、第三十九条规定的核销凭证外,还应当提供《出口收汇核销报告表》;如所属外汇局实行核销报告电子化管理,除提供第三十八条、第三十九条规定的核销凭证外,还应当提供核销凭证的电子数据。

第四十一条 出口单位出口后,单笔收汇或进口金额大于报关金额在等值2000美元(含2000美元)以内,或者单笔收汇或进口金额小于报关金额在等值500美元(含500美元)以内的,可以按照第三十八条、第三十九条规定办理核销报告手续。单笔收汇或进口金额大于报关金额超过等值2000美元,单笔收汇或进口金额小于报关金额超过等值500美元的,应当办理差额核销报告手续。实行批次核销的,可以按核销单每笔平均计算出口与收汇或进口差额。

第四十二条 出口单位办理差额核销报告时除按第三十八条、第三十九

条规定提供核销凭证外,还应当提供法人代表签字并加盖单位公章的差额原因说明函,以及下列有关证明材料:

……

第七章 出口收汇核销

第四十三条 外汇局收到出口单位报告的核销凭证(包括电子数据)后,应通过"出口收汇核报系统"及其他相关系统核对出口单位报告数据的真实性。如提交的核销凭证与海关、银行传送的数据不一致或提交的审核材料不齐全,应退出口单位进行更正。海关、银行在接到出口单位的更正申请后,应在5个工作日内办理核销凭证或电子数据的核对、修改手续。

第四十四条 外汇局可以根据各地业务量和出口单位的具体情况,按照下列规定分别采取不同的出口收汇核销方式:

……

第四十六条 外汇局为出口单位办理核销手续时,对用于抵扣的进口报关单,应当加盖"已核销"印章,并在"中国电子口岸—进口付汇系统"进行核注、结案。

第四十七条 外汇局为出口单位办理核销手续时,对于因网络不通、系统技术故障等原因无法正常获得相关电子底账,或者相关数据没有实行电子化管理无电子底账的,可以在审核出口单位提供的核销凭证无误后,在"出口收汇核报系统"中补录入相关数据,同时办理核销手续。

第四十八条 外汇局审核出口单位提供的核销凭证时,对凭证齐全、数据无误且出口与收汇或进口差额未超过规定标准的,根据不同贸易方式予以核销;对出口与收汇或进口差额超过规定标准的,外汇局应当在审核规定的差额证明材料无误后为出口单位办理差额核销;对出口与收汇或进口差额超过规定标准且未能提供规定的差额证明材料的,符合有关规定的予以差额备查,不符合备查条件且超过规定的核销期限的纳入逾期未核销管理。

第四十九条 外汇局为出口单位办理核销手续后,应当在相应的核销专用联、核销单退税专用联上加盖"已核销"印章，对于差额核销和以外币现钞、毗邻国家货币、人民币等核销的，还应当在核销单退税联上签注净收入金额、币种、日期。除手工录入出口收汇电子数据的留存核销专用联外，其余单证退还出口单位。对于分次使用的核销专用联，应在核销专用联上签注已核销金额或余额后退还出口单位，出口单位在第一次凭该核销专用联办理核销手续后将该核销专用联原件留存归档，以后凭该核销专用联复印件办理核销及留存归档。未实行出口收汇报告表制度的外汇局应当做好已核销清单的签退手续，实行出口收汇报告表制度的外汇局应当做好《出口收汇核销报告表》的签收、签退手续，并保存该表的外汇局留存联。差额核销项下外汇局应当留存除核销单退税专用联外的所有核销凭证。

第五十条　外汇局定期将已核销电子数据上传至"中国电子口岸"数据中心，供商务、海关、税务等相关主管部门查询使用。

第八章　出口收汇自动核销

第五十一条　对符合下列规定条件的出口单位，外汇局按年度核定其自动核销资格：

(一)国际收支申报率为100%。

(二)上年度出口收汇核销考核等级为"出口收汇荣誉企业"。

(三)近两年没有违反外汇管理规定的行为。

(四)外汇局规定的其他条件。

第五十二条　外汇局在审核出口单位自动核销资格时，应当填制《出口收汇自动核销资格审核表》(附件1〔略〕)，并逐级上报。经国家外汇管理局核准后，外汇局应当及时向出口单位发出《自动核销资格确认通知书》(附件2〔略〕)。

出口单位必须在《自动核销资格确认通知书》的回执上签章确认，承诺履行规定义务并承担相关责任后，外汇局方可对其实行自动核销管理。

第五十三条　外汇局各分局应当及时将实行自动核销管理的出口单位(以

下简称"自动核销单位")名单对外公布,并抄送当地商务、税务、海关等相关部门。

第五十四条 自动核销单位可一次性向外汇局申领半年出口所需的核销单,并按有关规定使用核销单。

第五十五条 自动核销单位应当及时、全额收回出口货款,并按有关规定领取核销专用联。

第五十六条 有下列情形之一的,自动核销单位应当按照本实施细则第六章的规定办理核销报告手续,外汇局应当按本实施细则第七章规定为其办理核销手续:

(一)不能按规定全额收汇的出口业务。

(二)需在货物报关出口后90天内办理出口退税或其他相关手续且已收汇的。

(三)以不收汇或部分收汇的贸易方式出口的。

(四)出口后收汇不需办理涉外收入申报的。

对第二种情况,自动核销单位向外汇局报告后,外汇局应当在"出口收汇核报系统"中相应调整出口应收汇日期。

第五十七条 除本实施细则第五十六条规定的情形外,自动核销单位无需向外汇局进行核销报告,也无需到外汇局办理核销手续,但应将用于核销的报关单进行网上交单,由外汇局按月通过"出口收汇核报系统"对其出口报关数据和银行收汇数据按时间顺序自动总量核销。

第五十八条 自动核销单位无须凭核销单退税联办理出口退税手续,由税务部门根据从"中国电子口岸"数据中心接收的电子数据和外汇局按月向税务部门提供的已核销清单办理退税手续。

第五十九条 自动核销单位的核销单口岸备案、出口报关、远期收汇备案、差额核销、退赔外汇、差额备查等核销业务按有关规定办理。

第六十条 外汇局按月为自动核销单位办理核销手续后,如其出口收汇核销率未达到规定比率的,外汇局应当及时向其发出预警通知。

第六十一条　自动核销单位经连续三次预警，出口收汇核销率仍未达到规定比率的，或不再符合第五十一条所列条件的，外汇局可以撤销其自动核销资格，且下一年度不再核定其自动核销资格。

第六十二条　对被撤销自动核销资格的自动核销单位，外汇局应当向其发出《撤销自动核销资格通知书》（附件3〔略〕），并报国家外汇管理局备案，同时抄送当地商务、税务、海关等相关部门。

第六十三条　自动核销单位被外汇局撤销自动核销资格后，应当按照本实施细则第六章规定办理核销报告手续，外汇局应当按照本实施细则第七章规定为其办理核销手续。

第六十四条　自动核销单位应当按有关规定妥善保管各项出口收汇核销原始凭证。

第九章　退赔外汇

第六十五条　出口项下发生退赔需向进口商支付外汇的，出口单位应当持规定的材料向外汇局申请，外汇局审核真实性后，冲减出口单位的出口收汇实绩并签发《已冲减出口收汇/核销证明》（附件4〔略〕），银行凭《已冲减出口收汇/核销证明》为出口单位办理退赔外汇的售付汇手续。对提供进口报关单的，外汇局应当按规定在"中国电子口岸—进口付汇系统"中对相应的进口报关单进行核注、结案。

第六十六条　出口单位申请退赔外汇时，应当按下列规定向外汇局提供证明材料：

（一）未出口报关但已预收全部或部分货款后因故终止执行合同的，提供出口合同、终止执行合同证明或退赔协议、核销专用联或银行出具的收汇凭证。

（二）已出口报关且已收汇，但未办理核销手续的，提供出口合同、退赔协议、核销单、报关单、核销专用联。若为退货赔付的，还应当提供注明"退运货物"的进口报关单。

(三)已出口报关并收汇且已办理核销手续的,提供出口合同、退赔协议、核销单退税专用联或税务部门出具的未退税(或已补税)证明;若为退货赔付的,还应当提供注明"退运货物"的进口报关单。

(四)境外将货款错汇入境内未核销的,提供情况说明、外方要求退汇函件、核销专用联或银行出具的收账凭证。

第十章 逾期未核销监管

第六十七条 货物出口后,出口单位超过预计收汇日期30天未办理核销手续的,视为出口收汇逾期未核销。

第六十八条 外汇局对出口收汇逾期未核销情况按月进行清理、定期催核,签发"催核通知书",并向出口单位提供"逾期未核销清单"。

第六十九条 出口单位接到外汇局"催核通知书"后,应当对照"逾期未核销清单"进行认真清理,核对、确认数据,及时办理出口收汇核销手续。

第七十条 出口单位存在如下情况,外汇局核销部门应当按规定移交检查部门予以查处:

(一)外汇局核销部门催核无结果或经催核但出口单位无正当理由说明原因。

(二)出口单位收汇6个月后未办理核销手续且无正当理由说明原因。

(三)出口单位未核销收汇总量达到等值500万美元且无正当理由说明原因。

第十一章 出口收汇核销考核

第七十一条 出口收汇核销考核系指外汇局会同商务主管部门对出口单位的出口收汇核销业绩进行考核,评定出口单位的出口收汇等级,并对不同等级出口单位分别予以奖励或惩罚的管理制度。出口收汇核销考核按年度进行。

第七十二条 出口收汇核销考核的对象为考核期内有出口收汇且应当办

理出口收汇核销的所有出口单位。

第七十三条 出口收汇核销考核指标是出口收汇核销率。出口收汇核销率系指考核期内应核销出口额中已核销额与应核销额之比。国家外汇管理局和商务部可以根据不同时期的具体情况对出口收汇核销考核标准进行适当调整。

第七十四条 出口收汇核销考核标准和年度考核评定等级为：

(一)出口收汇核销率达到或超过95%的，评为"出口收汇荣誉企业"，出口收汇核销率达到或超过85%且年度出口额在等值2亿美元以上的大型出口单位，也可评为"出口收汇荣誉企业"。

(二)出口收汇核销率在70%(含70%)至95%之间的，评为"出口收汇达标企业"。

(三)出口收汇核销率在50%(含50%)至70%之间的，评为"出口收汇风险企业"。

(四)出口收汇核销率低于50%的，评为"出口收汇高风险企业"。

第七十五条 出口收汇核销考核实行属地分级考核原则。国家外汇管理局各分支局与同级商务主管部门负责对所辖出口单位进行年度考核评定工作。

第七十六条 出口收汇核销考核评定结果实行通报制度。通报的范围为辖内出口单位、海关、银行和税务等部门。省级外汇局会同同级商务主管部门对考核评定结果进行联合通报，并对年度考核评定的"出口收汇荣誉企业"和"出口收汇高风险企业"予以公布。

第七十七条 "出口收汇荣誉企业"、"出口收汇达标企业"、"出口收汇风险企业"、"出口收汇高风险企业"的评定结果自评定之日起生效，有效期为一年。

第七十八条 一个年度被评定为"出口收汇高风险企业"或连续两个年度被评定为"出口收汇风险企业"的，商务主管部门应当暂停或取消其出口业务经营权。

第十二章 遗失出口收汇核销单证的处理

第七十九条 对遗失核销单的,出口单位和外汇局应当按下列规定处理:……

第八十条 对遗失核销专用联的,出口单位、银行和外汇局应当按下列规定处理:

(一)属于境外收汇的,出口单位应当凭书面报告、境外收入申报单向外汇局申请补办。外汇局核实银行报送的涉外收入申报电子数据并确认未用于核销的,为其出具"出口收汇核销专用联补办核准件"(附件6〔略〕)。

(二)属于不需要办理国际收支申报的出口收汇,出口单位应当凭书面报告及出口收汇结汇水单/收账通知的出口单位留存联或银行出具的证实出口单位结汇或收账情况的书面说明,向外汇局申请补办,外汇局审核出口单位提供的材料无误并确认未用于核销的,为其出具"出口收汇核销专用联补办核准件"。

(三)银行应当凭外汇局核发的"出口收汇核销专用联补办核准件"为出口单位补办核销专用联,并在核销专用联上注明"补办"字样和原涉外收入申报单编号或核销收汇专用号码和收汇资金来源。

第八十一条 对出口单位遗失进出口报关单的,应当按照《国家外汇管理局、海关总署关于纸质进出口报关单及相关电子底账有关问题的通知》(汇发〔2003〕14号)的规定办理。

第十三章 档案管理

第八十二条 外汇局、银行、出口单位应当对本实施细则规定的出口核销业务档案资料进行分类管理,除按规定需长期保存的,其他核销档案均保存3年备查。对出口收汇核销项下相关电子数据,外汇局应当保存10年。

……

第八十三条 外汇局、银行、出口单位应当定期将核销资料整理成册,并指定专人负责档案管理工作。

第八十四条 外汇局定期或不定期对银行及出口单位的出口收汇核销档案保存情况进行检查。

第八十五条 对超过保存期限的档案资料,外汇局、银行、出口单位可以自行销毁。

第十四章 罚 则

第八十六条 银行和出口单位应当按照《出口收汇核销管理办法》和本细则及其他相关规定办理出口收汇核销业务,对违反规定的,由外汇局根据《中华人民共和国外汇管理条例》及其他相关规定进行处罚。

第八十七条 银行有下列行为之一的,由外汇局给予1万元以上3万元以下罚款的处罚:

(一)不完整、准确填写出口收汇核销专用联的。

(二)未及时为出口单位办理收汇、结汇或未及时出具核销专用联,致使出口单位逾期未核销的。

(三)错报、漏报收汇电子信息的。

第八十八条 银行有下列行为之一的,由外汇局给予5万元以上30万元以下罚款的处罚:

(一)对不属于出口收汇的结汇或入账出具核销专用联的。

(二)重复出具核销专用联的。

(三)擅自为出口单位补办核销专用联的。

(四)虚报收汇电子信息的。

(五)不按规定办理出口项下退赔外汇业务的。

(六)未妥善保存有关收汇单证,发生丢失及损坏造成严重后果的。

第八十九条 出口单位有下列行为之一的,由外汇局给予1万元以上3万元以下罚款的处罚:

(一)收汇后未按规定办理核销手续的。

(二)向银行虚报、错报核销单编号骗取核销专用联的。

(三)因故不再经营出口业务,未按规定办理核销清理手续的。

第九十条 出口单位有下列行为之一的,由外汇局给予5万元以上30万元以下罚款的处罚:

(一)使用伪造、变造的核销单、进出口报关单、核销专用联等核销单证的。

(二)重复使用核销专用联的。

(三)用贸易出口收汇以外的外汇收入进行虚假收汇核销报告的。

(四)未经外汇局批准,即期出口项下超过报关日期180天未收汇的;远期出口收汇项下,超过在外汇局备案的预计收汇日期未收汇且无正当理由的。

(五)未妥善保管或丢失核销原始凭证造成严重后果的。

第十五章 附 则

第九十一条 本实施细则由国家外汇管理局负责解释。

第九十二条 本实施细则自2003年10月1日开始施行。以前有关规定与本办法相抵触的,按本细则执行。